सब कुछ होना बचा रहेगा

सब कुछ होना बचा रहेगा

विनोद कुमार शुक्ल

राजकमल प्रकाशन

ISBN : 978-81-7178-272-7

मूल्य : ₹295

पहला संस्करण : 1992
चौथा संस्करण : 2021

प्रकाशक : राजकमल प्रकाशन प्रा. लि.
1-बी, नेताजी सुभाष मार्ग, दरियागंज
नई दिल्ली-110 002

शाखाएँ : अशोक राजपथ, साइंस कॉलेज के सामने, पटना-800 006
पहली मंजिल, दरबारी बिल्डिंग, महात्मा गांधी मार्ग, प्रयागराज-211 001
36-ए, शेक्सपियर सरणी, कोलकाता-700 017

वेबसाइट : www.rajkamalprakashan.com
ई-मेल : info@rajkamalprakashan.com

मुद्रक : बी.के. ऑफसेट
नवीन शाहदरा, दिल्ली-110 032

SAB KUCHH HONA BACHA RAHEGA
Poems by Vinod Kumar Shukla

सुधा के लिए

पृथ्वी की तरफ़ घर की तरफ़

यह विनोद कुमार शुक्ल का तीसरा कवितासंग्रह है जिसमें उनकी कविता, और इसलिए आज की हिंदी कविता का नया अर्थविस्तार है। 'अपने मूल निवास का··· तिलिस्म' वे देख और दिखा पा रहे हैं जिसमें ''घर में अन्नजल होगा कि नहीं की चिंता पृथ्वी में अन्नजल की चिंता होगी।'' ऐसा दावा नहीं है कि यह कठिन मानवीय तादात्म्य पा ही लिया गया है—वह संभावना है और साथ ही एक पारदर्शी नैतिक सयानापन है जो यह पहचानता और स्वीकार करता है कि ऐसा है नहीं, ऐसा होगा। अभी तो ''पृथ्वी की तरफ़ लौटना घर की तरफ़ लौटने जैसा है।'' घर और पृथ्वी के मेल से जो दुनिया बनती है उसमें ''मरकर या बचकर'' जाना होगा और ''जो करती होगी इंतज़ार मेरे बचने का।'' घर, पृथ्वी और मैं—सब रचे जाते हैं और एक-दूसरे से इस कविता के खुले स्पेस में ''ज़रूरी काम की तरह'' मिलते हैं। कविता के निपट कस्बाई भूगोल और पृथ्वी के अक्षांशों में कोई दूरी नहीं है–कविता ऐसी दूरी को ओझल कर देती है। वह इस समय से दूसरे समय में ऐसे जाती है मानो दोनों एक ही समय हैं। विनोद कुमार शुक्ल की कविता का यह नया आयाम है। वे अब एक समयबिद्ध कवि ही नहीं रह गए हैं। अपने समय में तो अनायास भी हुआ जा सकता है, लेकिन अपने समय को पार करने की स्थिति कोशिश से ही आती है—यह कोशिश कविकर्म की बुनियादी कोशिशों में से है—अपने स्वभाव में भले ही रोमैंटिक जान पड़े, अपने प्रतिफल में वह हमेशा ही क्लैसिकल है। कवि की मुश्किल, ऐसे में, बदल जाती है—

मेरी परेशानी
कि अनायास नहीं कोशिश करके
सुबह होती कैसे है

विनोद कुमार शुक्ल किसी आध्यात्मिक असमंजस में पड़े कवि नहीं हैं, पर अपनी स्थिति की विडंबना की जो पहचान उनमें है, और जिसे वे बिला चूक अपनी कविता का मूलाधार बनाते रहे हैं, उसके रहते वे अब यह देख पाते हैं कि ''व्यक्त नहीं होता घटित।'' फिर भी संसार का बहुत कुछ इच्छाओं से ही बुना-रचा जाता है : चाहे वह इच्छा ''समुद्र से पृथ्वी को सूर्योदय की तरह निकलते देखने की है'' या ''अपनी खोपड़ी का हैलमेट किसी तरह पृथ्वी को'' पहनाने की। पर इस दुनिया का ठोसपन क़तई कम नहीं हुआ है—उसमें बाज़ार जाने से डर है, कुर्सी बुनता हुआ एक अंधा आदमी है संसार से सबसे

अधिक प्रेम करता हुआ, खटखटाये जाने पर बार-बार खोल दिए जाते दरवाज़े हैं, पूर्वजों के चित्रों की नहीं पूर्वजों की याद है। पर इस पदार्थमयता के ऊपर मँडराता हुआ एक और लोक भी है जिसमें उस समय की याद है जब पृथ्वी में मनुष्य नहीं थे और यह सजग अहसास कि

> जाते-जाते कुछ भी नहीं बचेगा जब
> तब सब कुछ पीछे बचा रहेगा
> और कुछ भी नहीं में
> सब कुछ होना बचा रहेगा

कवि की इस दुनिया में लिप्ति कम नहीं हुई है, पर वह उस दूसरी दुनिया को भी इस दुनिया में पहचान रहा है जो मनुष्य की इच्छा, आशा और अर्थमयता की शाश्वत संरचना है। एक ऐसे समय में जब अनेक शक्तियाँ हमें सिर्फ़ एक ही दुनिया तक महदूद और मजबूर रखने का षड्यंत्र-सा कर रही हैं, ऐसी कविता का गहरा मानवीय मूल्य भी है, क्योंकि वह हमें अपनी अपर्याप्तता और घटित के व्यक्त न होने की विवशता का बोध कराते हुए शाश्वत और अनंत को भी हमारी पकड़, हमारे पड़ोस में लाती है।

विनोद कुमार शुक्ल की कविता का यथार्थ अब उसकी बनी-बनाई और आज की कविता में चालू अवधारणाओं से समझा जानेवाला नहीं है। उसकी विडंबना अधिक गहरी और कठिन है—उसने अब वाक्यविन्यास भंग करने की अपनी ही युक्ति तज दी है। वह निरलंकार है, पर उसकी त्वचा की कई तहें हैं—उसकी प्रगट आभा के नीचे एक और दीप्ति है। यह हमें आज़ विनोद कुमार शुक्ल की कविता के अलावा और कौन जताता है कि जहाँ हम रहते हैं वहीं तिलिस्म है?

भोपाल
2 दिसम्बर 1991

अशोक वाजपेयी

क्रम

1. जो मेरे घर कभी नहीं आएँगे 13
2. मानुष मैं ही हूँ 14
3. धौलागिरि को देखकर 15
4. मैं अदना आदमी 16
5. एक अजनबी पक्षी 17
6. समुद्र में जहाँ डूब रहा था सूर्य 18
7. कोसाफल के तैयार होते ही 19
8. जंगल के दिन-भर के सन्नाटे में 21
9. जो शाश्वत प्रकृति है उसमें पहाड़ है 23
10. दूर से अपना घर देखना चाहिए 24
11. मंगल ग्रह इस समय पृथ्वी के बहुत पास आ गया है 25
12. आँख बंद कर लेने से 26
13. सूखा कुआँ तो मृत है 27
14. घर संसार में घुसते ही 28
15. एक सूखी नदी 30
16. वह चेतावनी है 31
17. प्रेम की जगह अनिश्चित है 32
18. प्रत्येक आवाज खटका है 33
19. जाते-जाते ही मिलेंगे लोग उधर के 34
20. सबसे गरीब आदमी की 35
21. ऐसे छोटे बच्चे से लेकर 37
22. जो रिक्शे में लदे फँदे 38
23. जमीन पर बैठा पक्षी 39
24. जो कुछ अपरिचित हैं 40
25. बहुत कुछ कर सकते हैं ज़िंदगी में का काम बहुत था 41
26. यह सड़क 42

27. चलने के लिए 43
28. एक हरे पेड़ को 44
29. दिन का जाता उजाला है शाम 45
30. मन ऊब गया 47
31. मुझे बचाना है 48
32. सबसे ज्यादा ऊँचाई 50
33. पेड़ के नीचे बैठना 52
34. समुद्र की लहर किनारे रेत में 54
35. सबकी तरफ से वह बोलेगा 55
36. चित्रकार को मेरी कविता पसंद नहीं 57
37. दुनिया जगत 58
38. लोगों तक पहुँचने की कोशिश में 59
39. कहीं अच्छी हवा सुरक्षित थी 60
40. व्यक्त नहीं होता घटित पेड़ 62
41. शहर से बाहर 63
42. घरवालों के साथ 65
43. रोज दिखाई देता है वह 67
44. जहाँ पहाड़ है क्षितिज पर 68
45. किसी के बीच रहना 69
46. एक गुलाम देश का सूरज 70
47. कुछ नए लोगों से 71
48. अभी अपनी पचास की उम्र में 72
49. पहाड़ी के ऊपर से 73
50. उसने चलना सीख लिया था 74
51. देखा नहीं, सुना बहुत है 76
52. दृश्य है जमाने से 78
53. पंजाब के किसी भी गाँव में 79
54. हिरन तेज दौड़ता है 80
55. एक सुंदर लड़की को देखना 81
56. अंतिम चीता मरा 82
57. पानी गिर रहा है 83
58. नदी के कुछ अदृश्य खंडहर हैं जलवाष्प 84
59. जिंदगी में दर्द बेहद 85

60. सुबह का होना 87
61. शरारतन मैंने मुड़कर देखा एक पेड़ को 90
62. डूब रहा हूँ इस आकाश को देखकर 109
63. एक टीले पर चढ़कर 110
64. आकाश से उड़ता हुआ 112
65. मेरी एक अठन्नी 113
66. मेरे पेट में मेरा दिमाग 114
67. बगीचे में केवल एक ही पेड़ बचा है 115
68. अँधेरा नहीं बाहर रात में 116
69. नदी इस किनारे केवल 117
70. मजदूरो उस तरफ चलो 118
71. दुनिया इतनी अँधेरी 120
72. खुश होना मैं तो भूल गया 121
73. जब मैं भीम बैठका देखने गया 122
74. गोली की आवाज सुनकर 123
75. लगभग जयहिंद 124

जो मेरे घर कभी नहीं आयेंगे

जो मेरे घर कभी नहीं आयेंगे
मैं उनसे मिलने
उनके पास चला जाऊँगा ।
एक उफनती नदी कभी नहीं आयेगी मेरे घर
नदी जैसे लोगों से मिलने
नदी किनारे जाऊँगा
कुछ तैरूँगा और डूब जाऊँगा

पहाड़, टीले, चट्टानें, तालाब
असंख्य पेड़ खेत
कभी नहीं आयेंगे मेरे घर
खेत खलिहानों जैसे लोगों से मिलने
गाँव-गाँव, जंगल-गलियाँ जाऊँगा ।

जो लगातार काम में लगे हैं
मैं फुरसत से नहीं
उनसे एक जरूरी काम की तरह
मिलता रहूँगा । —
इसे मैं अकेली आखिरी इच्छा की तरह
सबसे पहली इच्छा रखना चाहूँगा ।

मानुष मैं ही हूँ

मानुष मैं ही हूँ
इस एकांत घाटी में
यहाँ मैं मनुष्य की
आदिम अनुभूति में
साँस लेता हूँ ।
ढूँढकर एक पत्थर उठाकर
एक पत्थरयुग का पत्थर उठाता हूँ ।
कलकल बहती ठंडी नदी के जल को
चुल्लू से पीकर
पानी का प्राचीन स्वाद पाता हूँ ।
मैं नदी के किनारे चलते-चलते
इतिहास को याद कर
भूगोल की एक पगडंडी पाता हूँ ।
संध्यां की पहली तरैया
केवल मैं देखता हूँ ।
चारों तरफ प्रकृति और प्रकृति की ध्वनियाँ हैं
यदि मैंने कुछ कहा तो
अपनी भाषा नहीं कहूँगा
मनुष्य ध्वनि कहूँगा ।

धौलागिरि को देखकर

धौलागिरि को देखकर
मुझे याद आई
धौलागिरि की तस्वीर
क्योंकि तस्वीर पहले देखी गई थी ।

पितामह पूर्वजों के भी चित्र हैं घर में
पूर्वजों को मैंने कभी नहीं देखा
मैं पूर्वजों को नहीं पूर्वजों के चित्र याद करता हूँ ।

लेकिन धौलागिरि को देखने के बाद
मैं अपने पूर्वजों के चित्र नहीं
पूर्वजों को याद करता हूँ ।

मैं अदना आदमी

मैं अदना आदमी
सबसे ऊँचे पहाड़ के बारे में चिंतित हुआ
इस चिंता में मैं बाहर ही बाहर रहा आया
एक दिन इस बाहर को कोई खटखटाता है
जैसे आकाश धरती को खटखटाता है
हवा को खटखटाता है
जंगल के वृक्षों
एक एक पत्तियों को खटखटाता है
देखो तो आकाश के नीचे
खुले में है
साथ में कोई नहीं है
दूर तक कोई नहीं
पर कोई इस खुले को खटखटाता है ।
कौन आना चाहता है ?
मैं कहता हूँ
अंदर आ जाइये
सब खुला है
मैंने देखा मुझे
हिमालय दिख रहा है ।

एक अजनबी पक्षी

एक अजनबी पक्षी
एक पक्षी की प्रजाति की तरह दिखा
जो खाड़ी युद्ध के
पहले बम के विस्फोट की आवाज से
डरकर यहाँ आ गया हो ।

हवा में एक अजनबी गंध थी
साँस लेने के लिए
कुछ कदम जल्दी जल्दी चले
फिर साँस ली ।
वायु जिसमें साँस ली जा सकती है
यह वायु की प्रजाति है
जिसमें साँस ली जा सकती है ।

एक मनुष्य मनुष्य की प्रजाति की तरह
साइरन की आवाज सुनते ही
जान बचाने गड्ढे में कूद जाता है ।
गड्ढे के किनारे टहलती हुई
एक गर्भवती स्त्री
एक मनुष्य जीव को जन्म देने
सम्हलकर गड्ढे में उतर जाती है ।
पर कोई मनुष्य मर जाता है ।

इस मनुष्य होने के अकेलेपन में
मनुष्य की प्रजाति की तरह लोग थे ।

समुद्र में जहाँ डूब रहा था सूर्य

समुद्र में जहाँ डूब रहा था सूर्य
इस तरह डूब रहा था
कि पश्चिम की दिशा भी उसके साथ
डूब रही थी
कि कल सूर्य के डूबने के लिए
पश्चिम की दिशा नहीं होगी
बाकी बची किसी दिशा में
वह डूबता है तो डूब जाये ।

समुद्र में जहाँ उदित हो रहा है सूर्य
एक ऐसे समुद्री पक्षी की तरह
जो निकलने की कोशिश करता है
पर सतह के तेल से
पंख लिसटे होने के कारण
निकल नहीं पाता है ।

इस न निकलपाने वाले सूर्योदय को देखने
न पर्यटकों की भीड़ थी
न पर्यटक आत्माओं की ।

इस न निकलपाने वाले सूर्योदय के
दिन भर के बाद
न निकलपाने वाला सूर्य डूब जाता है ।

कोसाफल के तय्यार होते ही

कोसाफल के तैयार होते ही
कोसाफल तैयार हो गया की ध्वनि
मंत्र की तरह उच्चारित करते रहते होंगे
अपनी कोसाफल की समाधि में रेशम के कीड़े
और जंगल के सन्नाटे में
अनसुने रेशमी ध्वनि अर्थ का स्पर्श होता है
जंगल के आदिवासियों को
उनकी संपूर्ण और अर्धनग्नता में
कि कोसावस्त्रफल तैयार हो गया ।
उसी स्पर्श को छूते हुए
आदिवासीजन कोसाफल तोड़ने निकल जाते हैं
और मंत्रोच्चार की बढ़ती तीव्रता के
समीप होते होते
प्रत्येक कोसाफल तक पहुँच जाते हैं ।

जब कोसाफल तोड़ लिया जाता है
तो रेशम के कीड़े
बड़बड़ाना बंदकर
जीवन का कार्य समाप्त हुआ में सुप्त हो जाते हैं ।
कोसाफल लेकर जंगल के घने से
आदिवासी अपनी नग्नता में
शाखाओं, पत्तियों और हवा का
घना स्पर्श पाते हुए
लौटने लगते हैं बाजार की तरफ ।
अनेक कालों के बाद

हमारी इस सभ्यता के बाजार से
कोसाफल के बदले नमक पा लेने
या आने वाली किसी सभ्यता के बाजार से
कोई वस्त्र कपड़ा ।

जंगल के दिन भर के सन्नाटे में

जंगल के दिन भर के सन्नाटे में
महुवा टपकने की आवाज आती है
और शाम को हर टप ! के साथ
एक तारा अधिक दिखने लगता है
जैसे आकाश में तारा टपका है
फिर आकाश भर जाता है
जैसे जंगल भर जाता है ।

आदिवासी लड़की, लड़के, स्त्री जन
अपनी टोकनी लेकर महुवा बीनने
दिन निकलते ही उजाले के साथ साथ
जंगल में फैल जाते हैं ।

एक आदिवासी लड़की
महुवा बीनते बीनते
एक बाघ देखती है
जैसे जंगल में
एक बाघ दिखता है ।
आदिवासी लड़की को बाघ
उसी तरह देखता है
जैसे जंगल में एक आदिवासी लड़की दिख जाती है
जंगल के पक्षी दिख जाते हैं
तितली दिख जाती है । —
और बाघ पहले की तरह

सूखी पत्तियों पर
जँभाई लेकर पसर जाता है ।

एक अकेली आदिवासी लड़की को
घने जंगल जाते हुए डर नहीं लगता
बाघ-शेर से डर नहीं लगता
पर महुवा लेकर गीदम के बाजार जाने से
डर लगता है ।

बाजार का दिन है
महुवा की टोकनी सिर पर बोहे
या काँवर पर
इधर उधर जंगल से
पहाड़ी के ऊपर से उतर कर
सीधे-सादे वनवासी लोग
पेड़ के नीचे इकट्ठे होते हैं
और इकट्ठे बाजार जाते हैं ।

जो शाश्वत प्रकृति है उसमें पहाड़ है

जो शाश्वत प्रकृति है उसमें पहाड़ है
उनकी चट्टानों, पत्थरों में
बार बार उगते पेड़ और वनस्पतियाँ हैं
वहाँ मैं जा रहा हूँ
वहाँ ऐसा एकांत हिमांचल है
कि कोई पहले गया न हो
वे मनुष्य की राह देख रहे हैं
वे पर्वत, श्रेणियों में उसी तरह स्थिर हैं
जैसे चित्र खिंचवाने के लिए
एक समूह होता है बाहर
उनके बीच एक मेरी जगह है
वहाँ मैं अटल स्थिर हो जाऊँगा क्या ?
मैं स्थिर नहीं होऊँगा
घूमूँगा, दौड़ूँगा, हँसूँगा, चिल्लाऊँगा,
रोऊँगा,
कि इस एकांत में पहाड़ों को
यह याद न आये कि एक समय था
जब पृथ्वी में मनुष्य नहीं थे

शायद उन्हें वह समय याद आ रहा हो
जब पृथ्वी में मनुष्य नहीं थे ।

दूर से अपना घर देखना चाहिये

दूर से अपना घर देखना चाहिये
मजबूरी में न लौट सकने वाली दूरी से अपना घर
कभी लौट सकेंगे की पूरी आशा में
सात समुंदर पार चले जाना चाहिये ।
जाते जाते पलटकर देखना चाहिये
दूसरे देश से अपना देश
अंतरिक्ष से अपनी पृथ्वी
तब घर में बच्चे क्या करते होंगे की याद
पृथ्वी में बच्चे क्या करते होंगे की होगी
घर में अन्न जल होगा कि नहीं की चिंता
पृथ्वी में अन्न जल की चिंता होगी
पृथ्वी में कोई भूखा
घर में भूखा जैसा होगा
और पृथ्वी की तरफ लौटना
घर की तरफ लौटने जैसा ।
घर का हिसाब-किताब इतना गड़बड़ है
कि थोड़ी दूर पैदल जाकर घर की तरफ लौटता हूँ
जैसे पृथ्वी की तरफ ।

मंगल ग्रह इस समय पृथ्वी के बहुत पास आ गया है

मंगल ग्रह इस समय पृथ्वी के बहुत पास आ गया है
वहाँ किसी जीव के न होने का सन्नाटा
अब पृथ्वी के बहुत समीप है
कि पृथ्वी के पड़ोस में कोई नहीं
समय पड़ने पर पृथ्वी का कौन साथ देगा
पृथ्वी के सुख दुःख
उसके नष्ट होने
और समृद्ध होने का कौन साक्षी होगा ।

सुनो मेरे पड़ोसी
सबके अड़ोसी पड़ोसी
और पड़ोस के बच्चे
जो एक दूसरे की छतों में
कूदकर आते जाते हैं,
मंगल ग्रह इस समय पृथ्वी के बहुत समीप है—
पृथ्वी के बच्चो कूदो
तुम्हारा मंगल हो
वायु, जल, नभ
धरती, समुद्र, तुम्हारा मंगल हो
दूब, पर्वत, वन
तुम्हारा मंगल हो
मंगलू ! तुम्हारा मंगल हो
पृथ्वी से दूर अमंगल, मंगल हो ।

आँख बंद कर लेने से

आँख बंद कर लेने से
अंधे की दृष्टि नहीं पायी जा सकती
जिसके टटोलने की दूरी पर है सम्पूर्ण
जैसे दृष्टि की दूरी पर।

अँधेरे में बड़े सबेरे एक खग्रास सूर्य उदय होता है
और अँधेरे में एक गहरा अँधेरा फैल जाता है
चाँदनी अधिक काले धब्बे होंगे
चन्द्रमा और तारों के।

टटोल कर ही जाना जा सकता है क्षितिज को
दृष्टि के भ्रम को
कि वह किस आले में रखा है
यदि वह रखा हुआ है।
कौन से अँधेरे सींके में
टँगा हुआ रखा है
कौन से नक्षत्र का अँधेरा।

आँख मूँदकर देखना
अंधे की तरह देखना नहीं है।

पेड़ की छाया में, व्यस्त सड़क के किनारे
तरह तरह की आवाजों के बीच
कुर्सी बुनता हुआ एक अंधा
संसार से सबसे अधिक प्रेम करता है

वह कुछ संसार स्पर्श करता है और
बहुत संसार स्पर्श करना चाहता है।

सूखा कुआँ तो मृत है

सूखा कुआँ तो मृत है
बहुत मरा हुआ
कि आत्महत्या करता है

अपनी टूटती मुंडेर से
अपनी गहराई भरता हुआ
कुएँ के खोदने से निकले हुए
पत्थरों से
जो मुंडेर बनी थी ।

कुएँ के तल की कुँआसी इच्छा
उसकी अंदरूनी गहरी
बारूद से तड़कने की,
परंतु अपने ही निकले हुए पत्थरों और मिट्टी से
भरता हुआ कुआँ
कुआँ न होने की तरफ लौट रहा है,
अब यह पलायन था कुएँ का
गाँव पहले उजाड़ हो चुका था ।

घर संसार में घुसते ही

घर संसार में घुसते ही
पहिचान बतानी होती है
उसकी आहट सुन
पत्नी बच्चे पूछेंगे "कौन ?"
"मैं हूँ" वह कहता है
तब दरवाजा खुलता है ।

घर उसका शिविर है
जहाँ घायल होकर वह लौटता है ।

रबर की चप्पल को
छेद कर कोई जूते का खीला उसका तलुआ छेद गया है ।
पैर में पट्टी बाँध सुस्ता कर कुछ खाकर
दूसरे दिन अपने घर का पूरा दरवाजा खोलकर
वह बाहर निकला

अखिल संसार में उसकी आहट हुई
दबे पाँव नहीं
खाँसा और कराहा
"कौन है ?" यह किसी ने नहीं पूछा
सड़क के कुत्ते ने पहिचानकर पूँछ हिलायी
किराने वाला उसे देखकर मुस्कुराया
मुस्कुराया तो वह भी ।
एक पान ठेले के सामने
कुछ ज्यादा देर खड़े होकर
उधार पान माँगा

और पान खाते हुए
कुछ देर खड़े होकर
फिर कुछ ज्यादा देर खड़े होकर
परास्त हो गया !

एक सूखी नदी

एक सूखी नदी
दूसरे वर्ष भी सूखी रही
तो रेत के बहुत नीचे
वह और सूख जायेगी,
सूखी नदी के नीचे
सूखी नदी की परतें हैं ।

कई वर्षों से ऐसी सूखी नदी के
किनारे के गाँव में
जैसे अंततः रहता हुआ
गाँव का सबसे बूढ़ा आदमी
नदी की रेत की तह से
आखिरी में ढूँढ लेगा
एक पारदर्शी फॉसिल शिला
जिसमें चिन्हित होगी
नदी की वनस्पति
नदी की मछली
जीव, घोंघे
और शिला में बंद
एक बूँद पानी
जिसकी आयु करोड़ों वर्ष होगी—
सबसे बूढ़े आदमी के प्राणों में
धान का एक बीज सुरक्षित है ।

यह चेतावनी है

यह चेतावनी है
कि एक छोटा बच्चा है ।
यह चेतावनी है
कि चार फूल खिले हैं ।
यह चेतावनी है
कि खुशी है
और घड़े में भरा हुआ पानी
पीने के लायक है,
हवा में साँस ली जा सकती है ।
यह चेतावनी है
कि दुनिया है
बची दुनिया में
मैं बचा हुआ
यह चेतावनी है
मैं बचा हूँ ।
किसी होने वाले युद्ध से
जीवित बच निकलकर
मैं अपनी
अहमियत से मरना चाहता हूँ
कि मरने के
आखिरी क्षणों तक
अनंतकाल जीने की कामना करूँ
कि चार फूल हैं
और दुनिया है ।

प्रेम की जगह अनिश्चित है

प्रेम की जगह अनिश्चित है
यहाँ कोई नहीं होगा की जगह भी कोई है ।

आड़ भी ओट में होता है
कि अब कोई नहीं देखेगा
पर सबके हिस्से का एकांत
और सबके हिस्से की ओट निश्चित है ।

वहाँ बहुत दोपहर में भी
थोड़ा सा अँधेरा है
जैसे बदली छायी हो
बल्कि रात हो रही है
और रात हो गई हो ।

बहुत अँधेरे के ज्यादा अँधेरे में
प्रेम के सुख में
पलक मूँद लेने का अंधकार है ।

अपने हिस्से की आड़ में
अचानक स्पर्श करते
उपस्थित हुए
और स्पर्श करते, हुए बिदा ।

प्रत्येक आवाज खटका है

प्रत्येक आवाज खटका है
बच्चे का माँ ! कहकर पुकारना
खत्म होती हरियाली में
बीज से अंकुर का निकलना
खाली मुट्ठी में बंद हवा का छूटकर
जमीन पर गिरना खटका है ।
पानी पीना और रोटी चबाना भी ।

बचाओ ! बचाओ !! चिल्ला सकने वाले लोग
बचाओ भी नहीं चिल्लाते
कोई बचा है
यह पूछने वाला भी नहीं बचेगा ।
लगता है दुनिया को नष्ट करने का धमाका
अभी शायद हो
हो सकता है जिंदगी को नष्ट करने के धमाके के पहले
जिंदगी का बड़ा धमाका हो ।

जाते जाते ही मिलेंगे लोग उधर के

जाते जाते ही मिलेंगे लोग उधर के
जाते जाते जाया जा सकेगा उस पार
जाकर ही वहाँ पहुँचा जा सकेगा
जो बहुत दूर संभव है
पहुँच कर संभव होगा
जाते जाते छूटता रहेगा पीछे
जाते जाते बचा रहेगा आगे
जाते जाते कुछ भी नहीं बचेगा जब
तब सब कुछ पीछे बचा रहेगा
और कुछ भी नहीं में
सब कुछ होना बचा रहेगा।

सबसे गरीब आदमी की

सबसे गरीब आदमी की
सबसे कठिन बीमारी के लिए
सबसे बड़ा विशेषज्ञ डाक्टर आये
जिसकी सबसे ज्यादा फीस हो

सबसे बड़ा विशेषज्ञ डाक्टर
उस गरीब की झोंपड़ी में आकर
झाड़ू लगा दे
जिससे कुछ गंदगी दूर हो ।
सामने की बदबूदार नाली को
साफ कर दे
जिससे बदबू कुछ कम हो ।

उस गरीब बीमार के घड़े में
शुद्ध जल दूर म्युनिसिपल की
नल से भर कर लाये ।
बीमार के चीथड़ों को
पास के हरे गंदे पानी के डबरे
से न धोये
कहीं और धोये ।
बीमार को सरकारी अस्पताल
जाने की सलाह न दे ।
कृतज्ञ होकर
सबसे बड़ा डाक्टर सबसे गरीब आदमी का इलाज करे
और फीस माँगने से डरे ।

सबसे गरीब बीमार आदमी के लिए
सबसे सस्ता डाक्टर भी
बहुत मँहगा है ।

ऐसे छोटे बच्चे से लेकर

ऐसे छोटे बच्चे से लेकर
जिनके हाथ साँकल तक नहीं पहुँचते
घर का कोई भी दौड़ता है
दरवाज़ा खोलने
जिसे सुनाई देती है
दरवाज़ा खटखटाने की आवाज़ ।

थोड़ी देर होती दिखाई देती है
तो चारपाई पर लेटे लेटे
घर के बूढ़े बूढ़ी
चिंतित हो सबको आवाज देते हैं
कि दरवाजा खोलने कोई क्यों नहीं जाता ?
पर ऐसा होता है
कि दरवाजा खुलते ही
स्टेनगन लिये हत्यारे घुस आते हैं
और एक एक को मारकर चले जाते हैं ।
ऐसा बहुत होने लगता है
फिर भी दरवाज़े के खटखटाने पर
कोई भी दौड़ पड़ता है
और दरवाज़ा खटखटाये जाने पर
दरवाज़े बार बार खोल दिये जाते हैं ।

जो रिक्शे में लदे फँदे

जो रिक्शे में लदे फँदे
बस अड्डे की तरफ से आते दिखे थे
मेरे पड़ोस में आये
तब मैं सोच रहा था
किसके घर जायेंगे
और वे मेरे पड़ोस में आये।
मुझे अच्छा लगा।

और अच्छा लगता मैं उन्हें स्टेशन पर देखता
वे मेरे घर आ जाते, कोई ऐसे संबंधी की तरह
जिन्हें मैंने कभी नहीं देखा था
उत्तरप्रदेश के एक गाँव में रह रही
उस बड़ी बहिन की तरह
जिससे संबंध टूट गये
जब मैं पैदा भी नहीं हुआ था
मुझसे भी बड़े उनके बेटे हैं।

यह नगर ऐसा है
कि यहाँ मेरा घर
और पड़ोसी बसते हैं
यहाँ जो आता है
या तो मेरे घर आता है
या मेरे पड़ोस में
यहाँ घूमने लायक दो ही जगहें हैं
बस स्टेंड या गाड़ी का स्टेशन।

जमीन पर बैठा पक्षी

जमीन पर बैठा पक्षी
आकाश की तरफ उड़ता है
तो क्या उसे लगता है
कि वह धरती छोड़कर
पृथ्वी के ऊपर उड़ रहा है
पृथ्वी के ऊपर उड़ने के लिए
कितने ऊँचे जाना पड़ता होगा !

आकाश से आकर पक्षी
पेड़ पर बैठते हैं
तो क्या उन्हें लगता होगा
कि वे पृथ्वी पर जाकर बैठे हैं !

मेरे पंख नहीं हैं ।

एक छोटी पीली तितली
पृथ्वी के ऊपर उड़ रही है ।

जो कुछ अपरिचित हैं

जो कुछ अपरिचित हैं
वे भी मेरे आत्मीय हैं
मैं उन्हें नहीं जानता
जो मेरे आत्मीय हैं ।

कितने लोगों,
पहाड़ों, जंगलों, पेड़ों, वनस्पतियों को
तितलियों, पक्षियों, जीव-जन्तु
समुद्र और नक्षत्रों को
मैं नहीं जानता धरती को
मुझे यह भी नहीं मालूम
कि मैं कितनों को नहीं जानता ।
सब आत्मीय हैं
सब जान लिये जायेंगे मनुष्यों से
मैं मनुष्य को जानता हूँ ।

बहुत कुछ कर सकते हैं जिंदगी में का काम बहुत था

बहुत कुछ कर सकते हैं जिंदगी में का काम बहुत था
कुछ भी नहीं कर सके की फुरसत पाकर
मैं कमजोर और उदास हुआ ।
ऐसी फुरसत के अकेलेपन में
दुःख हुआ बहुत,
पत्नी ने कातर होकर
पकड़ा मेरा हाथ
जैसे मैं अकेला छूट रहा हूँ
उसे अकेला छोड़ ।
बच्चे मुझसे आकर लिपटे
अपनी पूरी ताकत से
मैंने अपनी ताकत से उनको लिपटाया
और जोर से
पत्नी बच्चों ने मुझे नहीं अकेला छोड़ा
फिर भी सड़क पर गुजरते जाते
मैं
हर किसी आदमी से अकेला छूट रहा हूँ
सबसे छूट रहा हूँ
एक चिड़िया भी
सामने से
उड़कर जाती है
अकेला छूट जाता हूँ ।
चूँकि मैं आत्महत्या नहीं कर रहा हूँ
मैं
दुनिया को नहीं छोड़ रहा हूँ ।

यह सड़क

यह सड़क
जा रही है कहूँगा—
मैंने देखा
सड़क पर एक मजदूर जा रहा था ।

आदमी तो फिर भी अलाल है
पिछड़ गया है
उसे लेने—
यह सड़क लौट रही है कहूँगा
जो उस मजदूर के द्वारा
पीछे छूटी हुई थी ।
उस मजदूर तक पहुँचने के लिए
मुझे दौड़ने की पड़ी थी ।

चलने के लिए

चलने के लिए
जब खड़े हुए
तो जूतों की जगह
पैरों में
सड़कें पहिन लीं
एक नहीं दो नहीं बदल बदलकर
हजारों सड़कें
तंग ऊबड़ खाबड़
बहुत चौड़ी सड़कें ।
खूब चलेंगे
कि जिंदगी के नजदीक आने को
बहुत मन होता है
वाकई ! जिंदगी से होती हुई
कोई सड़क जरूर जाती होगी—
मैं कोई ऐसा जूता बनवाना चाहता हूँ
जो मेरे पैरों मैं ठीकठाक आये ।

एक हरे पेड़ को

एक हरे पेड़ को
देखने में लगता है डर पूरा
दस हरे पेड़ों को देखूँ तो दस गुना
डर एक एक पेड़ों के कट जाने का इस वक्त
डर हरे हरे जल जाने का एकदम
लपटों की छाया देते
ऐसे पेड़ों के नीचे से गुजर
गुजर गया जहाँ पहुँचा
वह दिन यह दिन है
जिसमें सूरज और दिनों जैसा
जलता तो है
जलकर जो बची राख सफेद
वही गोल ढेरी
रात को ठंडा चंद्रमा है
और किसी कोयले के पेड़ के नीचे
कोयले की टहनी शाखा
एक नन्हीं चिड़िया कोयले की
एक फूल कोयले का थोड़ा खिला
देखा लगा कि
मुझमें भी कहीं सुलगने लगी है आग
जिसका मैं भी उपयोग करूँगा ।
जिंदा जलने से बचूँगा ।

दिन का जाता उजाला है शाम

दिन का जाता उजाला है शाम
पश्चिम की तरफ
सूरज के न दिखने के बाद भी जाता हुआ
पश्चिम की दिशा के अंदर
एक और दिशा पश्चिमी केंद्र जाते हुए
अंतिम पश्चिमी केंद्र में
चला गया होने के पहले तक

इस उजाले को
वहाँ जाना ही है
जहाँ उसे आखिर
चला गया होना ही है

दिन के इस आखिरी को
मैं कहाँ रोक दूँ तब
शाम छः बजे की जगह ?
किस तरह उस जाते उजाले को आवाज दूँ
कि थोड़ा लौटे साढ़े पाँच बजे की जगह
पुकारते पुकारते
इसी तरह धीरे धीरे
बुला लूँ उसको वापस
सूर्योदय के वक्त की जगह पूरब
चिल्लाऊँ जोर से
कि अभी अभी डूबा सूर्य
पश्चिम से ही सूर्योदय होकर लौटे

किसी अच्छी कविता की लालच से
ठहर जाये सूर्योदय शब्द पर सूर्योदय
मैं सूर्यास्त शब्द को काट
कविता को ठीक करना चाहता हूँ ।

मन ऊब गया

मन ऊब गया
मन के ऊबने से भी
मन ऊब गया ।

अब तो ऊबा
अंतिम बार ।
अब जो मिलेगी मुझे खुशी
खुशी होगी यह
पहली बार ।

अब जो उगेगा
अंतिम सूरज
उगेगा पहली बार ।

अंतिम बार
डूबेगा सूरज
डूबेगा आखिरी बार ।

मुझे बचाना है

मुझे बचाना है
एक एक कर
अपनी प्यारी दुनिया को
बुरे लोगों की नजर है
इसे खत्म कर देने को ।

सबसे पहले
घर के सामने के
नीम की शाखा तोड़
मैंने मारा नीम को
भाग यहाँ से पेड़
दूर भाग जा ।
घर को पीटा
दीवालों दरवाजों को
उसी नीम की शाखा से
भाग ! भाग ! यहाँ से घर ।

कोई मुझे करे बेदखल
मेरे घर मेरी दुनिया से
फिर अपने को बचाने
जाने कितना समय लगे
भाग यहाँ से घर ।
भाग ! भाग ! मेरी दुनिया सबकी दुनिया
बहुत दूर किसी और जगह
बची रह जाकर ।

मैं यहीं रहूँगा
लड़ता भिड़ता
मै जानता हूँ
कोई दूसरा लोक नहीं
नहीं परलोक
मरकर या
बचकर मैं अपनी ही दुनिया में जाऊँगा
जो करती होगी इंतजार मेरे बचने का ।

सबसे ज्यादा ऊँचाई

सबसे ज्यादा ऊँचाई
क्या होती है
मैं नहीं जानता ।

चढ़कर क्या होगा
पहाड़ की सबसे ऊँची चोटी
हथेली से छुऊँ
हिमालय सागरमाथा
बुखार तो नहीं ।
इतनी ठंडी ऊँचाई
कि कोई उम्मीद नहीं ।

मैं चला जाता
बहुत ऊँचे
किसी सोयूज पर बैठ
साथ दो चार घनिष्ठ मित्रों के
और खरीदकर रख लेता
याद से
अच्छी सस्ती दूरबीन एक ।

—बल्कि पूरी पृथ्वी को
एक राकेट की तरह लेकर जाता
अपनी दुनिया जहान के साथ
अनंतकाल न खतम होने वाले
खनिज ईंधन की ताकत से
दुनिया के साथ बैठकर खाने

भरा टिफिन का डिब्बा रखता
कि कभी जरूर पहुँचूँगा
अंतिम ऊँचाई पर
बस वहीं निकालूँ दूरबीन
कि देखें उसके भी बाद फिर ।

—इतने में तो मैं थक जाऊँगा
मर जाऊँगा एकदम
पर दूरबीन रख दूँगा
पेटी में सम्हालकर ।

पेड़ के नीचे बैठना

पेड़ के नीचे बैठना
अच्छा लगता है
अंदर की दुनिया में
जाने का रस्ता है ।

अंदर की दुनिया में
अंदर का जंगल
जड़ ही जड़
जड़ों का जंगल
निकली जड़ें जड़ों से
उनसे भी निकली बस जड़ ।

जड़ की ऊँची शाखा पर
अंदर की चिड़िया बैठी
चहचह अंदर की ।
खो गया
भटका जंगल में मैं दूर
घूमता इधर उधर
ढूँढा अपने को
उधर इधर गुमसुम ।

जड़ों में नहीं पत्तियाँ फूल
पतझड़ पसंद नहीं मुझको
पसंद
बसंत
इसीलिए दो चार खिले

मेरे मन के फूल ।

बाहर की दुनिया में
लौटकर वापस आना
अच्छा लगता है ।

पेड़ के नीचे बैठना
बाहर की दुनिया में
आने का रस्ता है ।

समुद्र की लहर किनारे रेत में

समुद्र की लहर किनारे रेत में
पानी की परत होते तक आई
और लौट गई ।
फिर फैला दी गई पानी की गीली चदरिया किनारे
और गीली की गीली खींच ली गई बार बार
जो क्रम है,
रायपुर के पास सेलुद गाँव की बच्ची
स्लेट पट्टी के गलत लिखे को पानी से मिटाकर
पट्टी को हवा में झुलाते हुए गाती है
—समुद का पानी समुद में जाये
मोर पट्टी सुखा जाये ।
फिर सही लिखे को पानी से मिटाकर
पट्टी को हवा में झुलाते हुए गाती है—
समुद का पानी समुद में जाये
मोर पट्टी सुखा जाये ।
अंतःकरण तक पानी से भरे समुद्र से
स्लेट पट्टी तक पानी आता है
और लौट जाता है
यह ज्वार-भाटा है ।

सबकी तरफ से वह बोलेगा

सबकी तरफ से वह बोलेगा
वही तो !
कुछ बात नहीं की जिसने मुझसे
चाय पीते हम दोनों सड़क पर खड़े रहे चुपचाप ।
वही !!
उसे देखकर मुहल्ले के
सारे गरीब, औरतें, बच्चे
हुए इकट्ठे एक एककर
सबने अपनी बात कही
वह सुनता रहा
उसी तरह चुपचाप
एक बूढ़ा तो अपने दुःख से
फफक पड़ा
उसके आँसू पोंछ
वह आगे बढ़ा साथ सबके
लेकर गहरी साँस
पर लगा, शरीर की कमजोरी उसकी
अभी तक गई नहीं
पिछले दिनों बहुत बीमार रहा वह
पर आँखों की चमक वही
कोई फर्क नहीं
वही !!
जो हमेशा इस तरह होता है चुपचाप
कि अब जोर से बोलेगा अचानक किसी वक्त

पहले भी यही बात थी
अभी भी यही बात है
जबकि पिछले दिनों
कुछ गुंडों ने उसकी जुबान काट दी ।

चित्रकार को मेरी कविता पसंद नहीं

चित्रकार को मेरी कविता पसंद नहीं,
दिन में दिन के उजाले का रंग
रात में रात के उजाले का
अँधेरा तो दिन रात का है।
संगीतकार को भी मेरी कविता पसंद नहीं
रात के सभी तारों से
एक एक तार खींचकर
गोल पृथ्वी में कसा हुआ तंबूरा
या अपनी सबकी पसंद के
अकेले ध्रुवतारे से खींचकर एकतारा
घूमें लेकर गली गली
गली गली का नारा।
चित्रकार का चित्र
संगीत संगीतकार का मुझे पसंद है।

दुनिया जगत

दुनिया जगत
जगत कुएँ का ।
जिस पर जाने कैसे
चढ़ा एक नन्हा बच्चा ।
आवाज नहीं दी मैंने उसको
चौंककर कुएँ के अंदर गिर जाता तो !!

चुपचाप धीरे धीरे चला
सम्हलकर उठाया मैंने गोद में उसको ।
बस इतना मैं चुप रहा
इतना धीरे चला
बहुत चुप बहुत धीरे चला ।

लोगों तक पहुँचने की कोशिश में

लोगों तक पहुँचने की कोशिश में
दो चार लोगों ने
सबसे मुझे अलग किया ।
मुझको सुनसान किया ।
बड़ा नुकसान किया ।
लोगों की बात करने की कोशिश में
एकदम चुपचाप किया ।
एक कदम सोचकर रखता तो
धक्के खाकर गिरता पीछे चार कदम
अपने सुनसान में हरदम ।
मेरा सुनसान
मुझसे कब तक कितना भरा रहे ।
सोच सोच कुछ बड़ा रहे
हँसी खुशी से भरती जाती—
दुनिया के लिए
मेरी खाली जगह बची रहे ।

कहीं अच्छी हवा सुरक्षित थी

कहीं अच्छी हवा सुरक्षित थी । —
जो साइकिल से भाग रहा था
वह भी पड़ा है
पड़ी हुई साइकिल के पास
भागने में उसे देर हुई ।
उस वक्त भी साइकिल के चकों में भरी
शुद्ध हवा तो थी ।

शुद्ध हवा मोटरकार के चकों में भरी थी
कि कुछ देर से भागे
दरवाजे के शीशे चढ़ाकर
पर बच गये आखिर ।

दम घुट गया उस नन्ही बच्ची का
पेड़ के नीचे जो मरी पड़ी है
उसके हाथ में जो बड़ा-सा फुग्गा है
यद्यपि अभी कुछ पिचक गया है
फिर भी फुग्गे में शुद्ध हवा तो थी ।
बस उतनी हवा और होती उसके फेफड़े में तो
चार कदम आगे जाकर वह मरती ।

पिता ने फुलाया था उसका फुग्गा—
मृत पिता की साँस
अभी तक फुग्गे में सुरक्षित है
मृत बच्ची के पास !!!

अपनी बच्ची को एक फूला फुग्गा देकर
मैं कुछ बुरा सोचता हूँ ।

व्यक्त नहीं होता घटित पेड़

व्यक्त नहीं होता घटित पेड़
अभिव्यक्त नहीं होती
घटना की उसकी एक हरी पत्ती
पेड़ में बिलकुल व्यक्त नहीं होता घोंसला
और नीचे पड़ी हुई
एक अधनंगी स्त्री
जिसकी उघरी जाँघ पर
उस पेड़ की एक सूखी पत्ती
ढाँकती है सूखी पत्ती के आकार की
उसकी थोड़ी नग्नता
व्यक्त नहीं है किसी के फूँक सी चली यह कैसी हवा
कि वही सूखी पत्ती हिलती है
जैसे अब गिरती है
और गिर जाती है ।
व्यक्त नहीं होगी वह पूरी नग्न होने पर
व्यक्त नहीं होगी पेड़ पर झूलती लाश
जैसे उस स्त्री का वह पुरुष ।
व्यक्त नहीं पेड़ पर बैठती उड़ती चिड़िया ।
पेड़ दिखता नहीं
छुपा हुआ है वह अपनी आड़ पर ।
छुपा हुआ है घोंसला
घोंसले की आड़ पर ।
अघटित व्यक्त है सब कुछ
इस पर भी पत्ती पत्ती की आड़ पर ।

शहर से बाहर

शहर से बाहर
धुँधली शाम के अंदर
और भी ज्यादा धुँधला
कोई आदमी हो गया है ।
केवल एक धब्बा आदमी
और छैः धब्बे पेड़
नीम के या बबूल के
न जाने किसके,
इतनी दूर से, मैं तो जानता नहीं
आदमी समझ में आता नहीं ।
न तो मैंने चिल्लाकर उस आदमी से कुछ कहा ।
और न छैः धब्बे पेड़ों को
आवाज दी ।
इसके बाद भी
वे सब धब्बे
मिले जुले
मेरी तरफ चले
और सब जगह
चारों तरफ चले गये ।
मैं तो देख नहीं पाया
या कुछ दिखता नहीं ।
अँधेरा ऐसा ही होता है ।
एक बड़ा धब्बा जंगल
या हजारों आदमी धब्बा होता है ।

छै: पेड़ और एक आदमी
चारों तरफ पेंट हो गये ।
हाय ! मेरा खात्मा हो गया ।

घर वालों के साथ

घर वालों के साथ
तस्वीरें हैं मुस्कुराते हुए
दोस्तों के साथ होगी फोटो
यह भी हो
कि पहले मित्र रहा होऊँ
जब तस्वीर खिंची थी।

पिता के साथ मेरी फोटो खिंची नहीं
बहुत पहले मर गये
और यह काम
बहुत मँहगा रहा शुरू से।

अजनबी बाहरवालों के साथ
नहीं मेरी तस्वीर
कि अलग अलग
सबके साथ हँसते हुए
या कई हँसते हुए लोगों के बीच
अकेला मैं मुस्कुराते हुए।

लोगों के नष्ट
और बिछड़ने के उलटफेर में भी
जगहें वहीं हैं!
पर दुनिया में, छुपी हुई
निश्चिंत सुखी जगह
वहीं पर बची हो प्रायः
निश्चिंत जगहें कितनी

लोग कितने निश्चिंत
परंतु जमाने से, मुस्कुराते हुए
फोटो खिंचवाने का रिवाज
अच्छा है ।
इस रिवाज को तोड़ने का मन नहीं हुआ है ।

रोज दिखाई देता वह

रोज दिखाई देता वह
पर जैसे बहुत कम दिखाई दिया हो
बहुत नजदीक कान लगाकर भी
धीरे से सुनाई देता वह
बहुत सोचने पर भी याद
कभी आता नहीं
वह अपने को याद करता
तो घरवाले उसके साथ शामिल हो
उसे याद करते
एक ही मुहल्ले में जन्म से रहा
पर उसे पूछने वाले इक्के दुक्के लोगों को
मुहल्ले वाले दूर-दूर तक भटका देते
उसे कोई क्यों लिखेगा चिट्ठी
पोस्टमैन उसके घर कभी नहीं आते
किसी तरह वह अपना
और अपने बच्चों का पेट भरता रहा
वह एक साधारण था
इतना कि मरा पहले
और मरने का अंत समय जीवन भर जिया।

जहाँ पहाड़ है क्षितिज पर

जहाँ पहाड़ है क्षितिज पर
वहाँ आकाश नीचे कम उतरा है—
पहाड़ शिखरों की श्रृंखलाओं से
जो क्षितिज बना है ।
वहाँ मेरे एकांत का भी एक शिखर है
एक शिखर वहाँ कहीं पहुँचने की इच्छा का है
एक शिखर वहाँ कहीं नहीं पहुँच सकूँगा का है

इस मैदान में आकाश को क्षितिज के लिए
बहुत नीचे उतरना पड़ता है
मैदान के फैलाव में
एक फैलाव मेरे एकांत का है
दूर तक इस दूरी का फैलाव
कहीं नहीं जा सकने का है
और सभी जगह जा सकने का ।
मैं जहाँ हूँ वहाँ मेरा एकांत है
और जहाँ नहीं वहाँ मैं
एकांत के साथ नहीं हूँ
वहाँ मैंने एकांत को अकेला छोड़ दिया है ।

किसी के बीच रहना

किसी के बीच रहना
घिरे हुए रहना है ।

कोई भी एक मकान
बाकी सभी मकानों से घिरा है
हरेक मकान
हरेक मकानों से ।

कोई एक आदमी
बाकी सभी आदमियों से ।
पड़ोसी पड़ोसी नहीं
घेरे हुए वह सबसे नजदीक है ।
उसके बाद का मकान
आड़ में घात लगाया हुआ बसा है ।

बचकर कितना सिमटा जायेगा
जिसका कोई घर, झोंपड़ी नहीं
उसका कोई किला नहीं ।

अगर कोई बाहर सड़क में आ गया है
तो वह एक लगातार कर्फ्यू वाले शहर में निकल आया है
जितने कदम वह चलेगा
इसका मतलब
मृत्यु उससे उतने ही कदम के फासले पर थी ।

एक गुलाम देश का सूरज

एक गुलाम देश का सूरज
गुलाम ही है
गुलाम, चंद्रमा, चाँदनी
सुख दुःख भी गुलाम
हवा, हरियाली, उड़ता पक्षी
औरत और नवजात बच्चा भी
गुलाम ।
नेलसन मंडेला !!
इस दुनिया का अकेला सूर्य
अभी भी स्वतंत्र नहीं है
जो तुम्हारा सूरज है
वही हमारा भी ।

कुछ नये लोगों से

कुछ नये लोगों से
मेल-जोल हो जायेगा
कुछ नयी जगह
देख लेने का होगा मौका
और एक अपरिचित जगह जाकर
बस जाने की होगी इच्छा
बहुत से परिचित सुख
और थोड़े से दुःख अपरिचित
का सामान लेकर
पत्नी बच्चों के साथ
इस अते पते
और बेठिकानों से भरे संसार में
कहीं एक पता
बनने के पहले तक रह कर
रहते रहने का मन
इस समय
पृथ्वी में निवास करना है ।

अभी अपनी पचास की उम्र में

अभी अपनी पचास की उम्र में
मुझे यह मालूम हो कि मैं साठ का हूँ
तो मुझे खुशी होगी
कि मैं पचास के बाद
इक्यावन में मर सकता था
और साठ का हो गया ।
पूरे दस वर्ष का जीना
पता नहीं चला
सब मुफ्त हो गया ।
कोई आफत नहीं आई
एक नये पैसे का कर्जा नहीं हुआ
जैसे दस वर्ष नौकरी नहीं की
और काम काज चलता रहा ।
वे कोई दूसरे वर्ष थे
जो कठिन बीते
और बीत गये
ये दस वर्ष उपराहा
और जुड़ गये । —
पर कहीं ऐसा तो नहीं
कि मैं पचास का हुआ
और साठ का दिखने लगा ।

पहाड़ी के ऊपर से

पहाड़ी के ऊपर से
नीचे एक झील को देखा ।
नीचे उतरकर थका हुआ
पहुँचा उसके पास
छुआ झील के ठंडे पानी को
अब यह मेरे मन की झील है ।
छुआ एक पत्थर का टुकड़ा
मेरे मन से टूटा
मेरे मन का पत्थर है ।
स्पर्श कर रही थी हवा
मेरे शरीर को
फिर भी हाथ बढ़ाया
बहती जैसी उड़ती हवा में
हवा को, खुद छूने का
उपक्रम
यह मेरे मन की हवा
साँस खींचकर जीवन ।
मिट्टी को छूने बैठ
मैंने हथेली टिका दी जमीन पर
यह मेरे मन की है पृथ्वी
चित मैं लेट गया
नजर पड़ी आकाश पर
क्या यह मेरे मन का आकाश नहीं
छू नहीं सकूँगा उसको
पर मेरा मन मुझे उड़ा रहा है ।

उसने चलना सीख लिया था

उसने चलना सीख लिया था
शाम को घूमकर
कुछ दूर पैदल
घर लौटते समय
थककर उसने कहा
''घर नहीं आता''
जिद में जमीन पर वह बैठ गया
माना तभी,
जब गोद में उसे लिया गया ।
गोद में लेकर चलने का
अभ्यास नहीं था
चाल थकी सरीखी
उतरकर
वह पैदल चलता
तभी ठीक था ।

घर दिखने लगा
तो उसका उत्साह बहुत था
गोदी से उतरा अपने आप
वह खड़ा हो गया
जैसे उसे भी घर ने
दूर से पहिचान लिया हो
घर अब उसके पास खुद आयेगा
रुके हुए इंतजार किया हो ।

''घर नहीं आता''
कहकर वह दौड़ा
घर की तरफ हाथ फैलाये
छोटे छोटे पैर
उसने दौड़ना सीख लिया था ।

देखा नहीं सुना बहुत है

देखा नहीं सुना बहुत है
जहाँ समुद्र वहाँ केवल समुद्र है
जहाँ नहीं वहाँ नहीं बिलकुल ।

देखने की शुरुआत होगी उसको
मैं कोई देखूँगा किनारे जमीन पर खड़े खड़े
गीली रेतीली जो
पर देखते ही लगेगा
कि पूरी पृथ्वी डूब जाएगी समुद्र में
फिर पृथ्वी के डूबने के बाद
यदि मैं कोई बच गया किसी नाव पर
तो समुद्र के किनारे
जमीन के बदले होगा क्या ?
फिर भी मैं कोई बचा हुआ
समुद्र की तरफ उलीचूँगा
समुद्र का पानी बार बार
कि इस तरह हो जाएगा समुद्र
अपनी तरफ कुछ चुल्लू पानी और
डूबी हुई पृथ्वी को निकालने की
जो यह थोड़ी बहुत कोशिश मेरी
पर चारों ओर
इतना पानी होगा, हजारों मील
कि मैं भूल जाऊँगा, समुद्र को
होना चाहिए किस तरफ आखिर ।
क्षितिज में होगा

आकाश तक भरा हुआ पानी
जिसमें आकाश का कच्चा नीला रंग
धीरे धीरे घुल कर
छूटकर सारा नीलापन
जब समुद्र में होगा
तब आकाश का क्या होगा रंग ?

उसी क्षितिज मेल पर
पहुँचेगी मेरी नाव
नाव में बैठे बैठे
बाएँ हाथ से उलीचूँगा
समुद्र का पानी तो
दाहिने से आसमान का फीका फीका शून्य
ऐसे शून्य को भर देने के लिए
पानी से निकाल कर
हवा में खेऊँगा पतवार
जैसे नाव सहित उड़ जाऊँगा
या नाव खेते खेते समुद्र में
बहुत थक कर रात को सो जाऊँगा
पर सूर्योदय के पहले
खुल जाएगी मेरी नींद
मेरी इच्छा क्योंकि
पृथ्वी के डूब जाने की नहीं बिलकुल
लेकिन समुद्र से
पृथ्वी को सूर्योदय की तरह
निकलते देखने की है बहुत
मैं समुद्र को देखूँगा ।

दृश्य है जमाने से

दृश्य है जमाने से
तुम्हारे नहीं होने का
मेरे पास

पर जो दृश्य है
वह तुम्हारे आने के दृश्य का जुलूस है
तुम्हारे बहुत आगे यहाँ, आते हुए
मेरी अकेली दुनिया जहान में रुके हुए
मेरे आस-पास
दृश्य के जुलूस के ये
आसमान चन्द्रमा सूरज
जमीन खेत नदी पहाड़ जंगल
शहर भीड़ दफ्तर बगीचे
मेरा कमरा
कमरे की एक-एक चीज
मैं खुद तुम्हारे आने के दृश्य के जुलूस में शामिल होकर
तुम्हारा इन्तजार करता हूँ ।

पंजाब के किसी भी गाँव में

पंजाब के किसी भी गाँव में
कोई न कोई आता रहता है
हत्यारे पहले कभी नहीं आये थे
वे भी आ गये
अंततः नहीं आयेंगे ।
मित्र आते रहते हैं
फिर भी मित्र आ सकते हैं
सखा बंधु आते रहते हैं
और आयेंगे ।

यहाँ सड़क है
बस रुकती है
रेलगाड़ी का छोटा स्टेशन भी
यहाँ भीड़भाड़ और आमदरफ्त
सखा बंधु से है ।

हिरन तेज दौड़ता है

हिरन तेज दौड़ता है
कुलाँचे भी भरता है
जैसे जंगल के सींकचों के अंदर ।

पक्षी उतनी दूर नहीं जाता होगा
जितनी दूर वह जा सकता है ।
हिमालय उतना ऊँचा नहीं है
वह कुछ और ऊँचा हो सकता था ।
समुद्र कुछ छोटा, कुछ कम गहरा है ।
एक लंबी नदी, कुछ कम लंबी है ।
तारे और हो सकते थे, कम है ।

वह एक हवा है जो सब जगह है,
सब जगह का भी एक सींकचा है ।

और यह वही हवा है
न उसमें कोई जोड़ है
और न उसमें कोई गठान है ।
जेल से बाहर की साँस
कोई नहीं ले रहा है
जेल में नेल्सन मंडेला है ।

एक सुन्दर लड़की को देखना

एक सुन्दर लड़की को देखना
सौन्दर्य को सुन्दर देखना है

वह अकेली सुन्दर लड़की
जब वह आयी जब वह गयी
बहुतों ने उसे देखा

वह चली जायेगी
शायद चली गयी
सचमुच चली गयी

जिन लोगों ने उसे देखा
उन लोगों ने उसे देख लिया ।

अंतिम चीता मरा

अंतिम चीता मरा
और चीता की जाति समाप्त हो गई
मनुष्य से ।

चीता शब्द है, पर चीता नहीं
चीते के चित्र और घटनाएँ, कहानियाँ
हैं मनुष्यों में ।

पृथ्वी से क्या कुछ नष्ट नहीं हो गया होगा
और वह सब कुछ है
जिससे नष्ट हो जायेगी पृथ्वी, पृथ्वी शब्द,
पृथ्वी चित्र, पृथ्वी घटनाएँ, पृथ्वी कहानियाँ
मनुष्य चित्र, मानुष कथा ।

छुपाकर रख देना चाहिये
इस अमावस की आदिम गुफा में
स्त्री पुरुष का प्रेम और सहवास ।

पानी गिर रहा है

पानी गिर रहा है,
बरसात की जगह—
जहाँ मैं रह रहा हूँ
बरसात का मेरा घर
बरसात की मेरी सड़क
बार बार भींगते हुए
बरसात का मूल निवासी ।
अरी ! बरसात की गीली चिड़िया
पंख फड़फड़ा
शाखा पर भीगते बैठी रह
अभी आकाश बरसात का है
पानी के बंद होते ही
बरसात से सब कुछ होगा निर्वासित
मैं भी !
अपने मूल निवास का यही तिलिस्म है ।

नदी के कुछ अदृश्य खंडहर हैं जलवाष्प

नदी के कुछ अदृश्य खंडहर हैं जलवाष्प
इतिहास की नदी है, गंगा, ब्रह्मपुत्र, जमुना, व्यास
एक मनुष्य नदी में स्नान करता है
यह सभ्यता है
नदी के किनारे एक स्त्री कपड़े धोती है
यह सभ्यता है
एक मृत लड़का नदी में
संस्कार की तरह
प्रवाहित होता है
बरसात नदी के खंडहर का दृश्य है
जहाँ नदी नहीं है
बरसात में भींगना पर्यटन है ।

जिंदगी में दर्द बेहद

जिंदगी में दर्द बेहद
सिर में पीड़ा
दुखदर्द दुनिया का भरा अहसास भारी
नजर उठाकर जो ताकता आकाश
गोया दुःख रहा आकाश
बहुत होती है पीड़ा
बुरा हुआ
कि मर गया वह
खतम हो गया ।
जगह जगह भूरे बादलों के ढेर—
चिता की लकड़ियों का ढेर
सूर्य अग्नि है जब
जल उठेगा सब
मृत्यु का यदि कोई है आकार
तो आसमान जितना ही विशाल
यह जिंदगी बहुत छोटी
फिर मौत का क्यों इतना बड़ा विस्तार
लगने लगा है रात का डर इस तरह
कि आसमान के कपाल सा चंद्रमा
किसी की ठोकर से लुढ़का
ठंडी चिता से निकल आया बाहर
अपनी पृथ्वी भी
कपाल सी लुढ़कती दिखती होगी
किसी महाविनाश के बाद

अंतरिक्ष की जमीन से
बस थोड़ी सी बड़ी दिखती होगी वह
मेरी खोपड़ी से—
इस सिरदर्द के साथ
अपनी खोपड़ी का हेलमेट
किसी तरह पृथ्वी को
पहिनाना चाहता हूँ ।

सुबह का होना

सुबह का होना
किसी भी दिन
और दिनों जैसा ही
घर पर अपने देखूँ जिसको प्रायः
नहीं तो गए किसी गाँव शहर
रात जहाँ रुकना जरूरी हो गया हो
देखा वहीं
सुबह का होना
उसी ठौर जगह ।

पहुँचने के लिए कभी कहीं
रात रात चलते रहे
रेल गाड़ी में बैठे बैठे,
दोपहर तक हुआ नहीं खत्म जाना
खत्म पहुँचना अथवा
देखा सफर करते करते
सौ किलोमीटर की रफ्तार पर
सुबह का होना छूट नहीं रहा कुछ देर
एक जगह से होती हुई सुबह होती रही कुछ दूर
इस कुछ दूरी पर इसीलिए
समय के रुकने का थोड़ा आभास
सुबह का होना तनता हुआ—
टूटा फिर
बिखर बीत गया
सफर में छूटती जगहों की तरह

उसका भी होना छूट गया—
उस बिरले घने जंगल से लेकर
एक सूखी नदी के पुल के आगे
बिना फसल के खाली खेतों
एक गाँव भी वहीं कहीं
खेतों के बीच बनी पगडंडी में
साइकिल से कोई जाता दिखा वहाँ ।

यदि पीछे लौटूँ अभी तुरत
या आधी रात को तो भी
जैसे मिल जाएगी
मुझको उसी तरह वैसे होती हुई छूटी सुबह—
ऐसी छुक-छुक गाड़ी आगे निकल गई
पर आगे के स्टेशन पर
जा पहुँचेगी आधे घण्टे में तब भी
हो चुकी होगी वहाँ वही सुबह
तब घण्टा आधा पहले ।

अनायास यह सभी जगह
रोज रोज की जिन्दगी में रोज
जिन्दा रहे तो और
या बिना मरे नहीं भी देखा
किसी सुबह का होना
ज्यादा देर सो गए इतनी सी बात
एक मिनट भी नहीं सोए कितनी रातों को
तब सुबह होने के वक्त
सड़क के जलते बिजली के खम्बे के नीचे
रुक जाने का
या किसी टिपरिया होटल की
बुझी भट्टी को कुरेदने का होता मन
फिर आधी रात को
दौड़ लगाने की होती इच्छा

सुबह की दिशा की तरफ
कि जाकर देखूँगा उसको नजदीक से
मेरी परेशानी
कि अनायास नहीं कोशिश करके
सुबह होती कैसे है ।

शरारतन मैंने मुड़कर देखा एक पेड़ को

शरारतन मैंने मुड़कर देखा एक पेड़ को
जिस जगह मैंने छोड़ दिया
छूट गया जो
छूट गये जहाँ
कहीं के भी पहाड़ मकान गली कूचे
सब हैं वहीं वहीं पे
स्मृति में भी उसी तरह
उसी भौगोलिक स्थिति में ।
उदाहरण के लिए
स्मृति में तालाब एक
गहरा भरा हुआ पानी स्थिर
वह गीला पत्थर
उसके पीछे का
एक और सूखा चिकना चौरस पत्थर
जिस पर बैठकर देखा करता
किनारे के उथले पानी में
छोटी छोटी मछलियों की
छोटी छोटी हलचल।—
तालाब के किनारे
एक ओर घनी झाड़ियों में
पानी की ओर झुकी
एक अलग टहनी पर
लम्बी चोंच वाली चिड़िया नीली
अभी, इस समय

तालाब का उदाहरण देते देते जैसे
आकर बैठी सजग चौकन्नी
बैठी है उसी टहनी पर
तब भी लगता रहता है
उदाहरण के पूरा होने के पहले
उड़ न जाये कहीं बीच से

तैरना न आने के कारण
लगता है स्मृति में
तालाब में डूब जाने का डर
तैरना न सीख पाने के कारण अब तक
स्मृति के अलावा भी होगी क्या मेरी हिस्सेदारी
यदि डूबने का खतरा कोई ।

आ रहा जो उस पार से धीरे धीरे
लड़का छपक छपक एक
यहाँ पच्चासों मील दूर मुझ तक
मैं यहाँ नहीं बैठा
बैठा हूँ तालाब के इस तरफ
पर उस लड़के से मुझको हिम्मत
मैं कूद गया तालाब में
पहले की तरह ।

तालाब के बिलकुल पास
पश्चिम की दिशा में
एक कपड़े की मिल है
ऊँची चिमनी से
दिखता है निकलता हुआ धुआँ जिसका
लहराता सा लगता
धुएँ का काला झंडा ।
आकाश की हवा में
बादल की तरह एक धुंध काला ।
सूर्यास्त के रंगीन आकाश के समय
ज्यादा खराब लगता है

कि चिमनी के धुएँ का
काला नकाब लगाया हुआ दिशा पश्चिम
लुटेरा दिन भर का
पहिचाना हुआ
पर अजनबी खतरनाक लगता है ।

आकाश को निशाने में लिए
एक विशाल तोप की तरह इस चिमनी से
दोपहर का सूरज
दगा हुआ
ऊपर ही ऊपर जाता रहता
आधा चीरता दिन
फिर आकाश की दूरी से हार
गिरने लगता वापस
पश्चिम में कहीं शाम—
मजदूरों की जिंदगी का रोज-रोज
वर्तमान एक दिन का ।
और पूरी रात जैसे
भविष्य उम्र भर का
और सुबह का सूरज
लौटा हुआ कारगर हथियार है
हत्यारा जिंदगी भर का
पहिचाना हुआ
पर अजनबी
पहले से ज्यादा खतरनाक है ।

सूरज दगा हुआ दोपहर का जब होता
तभी गूँजने वाला होता
मजदूरों की खाने की छुट्टी का
चेतावनी सायरन
कि जो भी जैसा जितना
जिसके पास खाने को है
या कुछ नहीं किसी के पास खाने को

तब भी यह खाने की छुट्टी है—
दस-पाँच मिनट की नहीं
पूरे एक घंटे की है ।
इसीलिए इस वक्त
दूर से खाना लेकर
जो भी या जितना लेकर
कुछ नहीं होता तो भी, कुछ तो लेकर
औरतों, बच्चों की
नहीं घरवाली, बेटियों-बेटों की टोली आती दिखती
एक एक कर
आसपास के गाँवों
और कुछ दूर बसे
मजदूरों की बस्ती से ।
और सिर पर बोहे हुए चमकते दूर से दिखते
काँसे पीतल के लोटे ऐसे
मजदूर पति, मजदूर पिता, मजदूर भाई के लिए
कि या तो चमक ही कोई आकार लोटे का
जिसमें भरा हुआ कुएँ का पानी साफ
या उजाले की प्यास
भरी दुपहरी में
अँधेरी जिंदगी को बहुत
कि बहुत प्यार की चमक
काँसे के लोटे में भरी हुई
पर लोटा फूटा है
और फूटे लोटे से
रिसकर बाहर चमक चौंध
हमको दिखती है ।—
यदि नाक की फुल्ली चमकी
तो इसका मतलब
उस लोटे से रिसकर एक बूँद चमक
पीतल की फुल्ली पर टपकी

फिर काँच की चूड़ी में
गिल्लट के कड़े तोड़े
मुंदरी पैरी में, बूँद बूँद ।
किस्मत पर मुझको विश्वास नहीं
पर लोटे के फूटे होने का
मेरा शक स्वाभाविक ।
तालाब के बायीं ओर
खुले समतल बिना पार के कोने की तरफ
बाँस में ऐंठी बँधी रस्सियों में
सूखते कपड़ों की धूप छाया में
चार माह का धोबिन का बच्चा एक
कथरी पर लेटा
जागा हुआ
अपने ऊपर फड़फड़ होते
कपड़ों को देख
हँसने लगता है ।
खुश होकर पटकता है वह
जोर जोर से हाथ पैर
अचानक डरता है
जब हवा से खुली कमीज
और कमीज का पेट फूला
छाती फूली चौड़ी
बाँह फूली लंबी
नीचे ऊपर होती
इधर-उधर फिर
एक बाँह रस्सी पर अटकी पिचक गई
दूसरी बाँह ने
अपनी छाती पर मारे घूँसे ।
खुली हुई बटन पतलूनों की
और शर्ट की ।
तौलिया फड़फड़ाता

तौलिये के जानवर जैसा
भूरा, टर्किश, रोयेंदार गीला ।
फड़फड़ाता रूमाल
जानवर रूमाल जैसा, छोटा चौखड़ीदार ।
सूखते धुले ये साफ कपड़े
धोबिन के बच्चे को
डराते हैं रोज रोज ।
आकाश की नील में डूबकर फैले
सफेद बादल भी डराते होंगे
धोबिन के बच्चे को
आसमान पर टँगे अजीब परिधान ड्रेस
कमीज पतलूनों जैसे
भयानक जानवरों के खोल कपड़े
अर्जेन्ट आर्डर की जल्दी में
सूरज के एकदम पास सूखते
अथवा सूरज
गर्म आयरन इस्तरी
कपड़े की बनाने को कड़क क्रीज़
बादलों की सल उतरती
सुबह पूरब से पश्चिम तक
इसी तरह इस्तरी चलती
कि जिंदगी खास जितनी
कड़क क्रीज़दार उतनी ।

चूँकि मुझे मालूम है
कि घूमती है पृथ्वी
धुरी पर अपनी
और सूर्य के चारों तरफ भी
इसीलिए जमीन पर पड़ा
डरा रोता धोबिन का बच्चा
मुझे जमीन पर नहीं

पृथ्वी पर लगता है
कि पृथ्वी दुनिया के सारे
गरीब बच्चों को गोद में लेकर झुलाती है
लगाती है चक्कर
अपने अंतर के कोने कोने में
और परिक्रमा करती है साथ
सूर्य का मेहनत से
कि दिन और रात से बड़ा करती है ।

धोबिन अपने बेटे से बेफिक्र
लेकिन फिक्र है कपड़े फचीटते
कि कपड़ा साफ और ठीक धुले ।

कपड़ों की धूप छाया में
धोबिन ने बच्चे को
क्या छोड़ा है जानबूझकर
कि उसके रोने
या हाथ पैर पटकने के कारण
चिड़ियों, कव्वों से रखवाली होगी
डरकर उड़ जायेंगे सब
नहीं तो रस्सी पर टँगे
धुले कपड़ों पर बैठने से
पंजों बीट से गंदे हो जाने का रहता डर

हाय हाय मैंने देखा
बच्चे के गालों पर
तमाचे मारती कमीज की बाँह की काली छाया
पतलून के पैरों की छाया उसकी छाती पर
बच्चे को कुचल देने की चिढ़ ।।

घंटों कपड़े फचीटती
घुटनों तक पानी में खड़ी धोबिन
तालाब के ऊपर
खाना लेकर इकट्ठी औरतों को देख
कि अब बजने ही वाला है

मजदूरों की खाने की छुट्टी का संकेत
उसका भी
अपने बेटे को
दूध पिला देने का हो आया मन इसीलिए ।
वह लौट पड़ी बच्चे की तरफ
—गीले पैर गीली जाँघें उसकी
साड़ी कसकर बँधी ऊपर
हर एक कदम पर
जाँघों पर अटकी पानी की कुछ बूँदें
झर जातीं जमीन पर ।
हमेशा नहाया हुआ सा
गठीला शरीर
धूप में चमकता चेहरा गीला
पानी के छींटों और पसीने से भींगा
बालों पर भी फुहार सी नन्ही बूँदें
चलते चलते निचोड़ कर साड़ी को झटकारा था ।
साड़ी डली हुई अब कंधों पर ।
एक कुत्ता बच्चे की तरफ
बढ़ने वाला था
ताक कर वहीं से उसने पत्थर फेंका
रास्ते पर रेंगते एक केकड़े को
उठाकर तालाब में फेंका वापस ।
वह लौट पड़ी बच्चे की तरफ
दूध से भरे स्तन
चोली ब्लाउज कहाँ पहिना
बहुत प्यार से रोते बच्चे को गोदी में लेकर
दूध पिलाने
और साथ साथ थोड़ी देर सुस्ताने
वह बैठ गई वहीं जमीन पर ।
वह बोली बेटे से कुछ सुस्ताकर
जैसे बहुत जरूरी बतलाना बेटे को—

कि आज काम बहुत है
बहुत धोये कपड़े
लौट कर जलाना होगा चूल्हा
बाप उसका दूसरे तालाब से
लौट आया होगा
आज काम में देर हुई
कपड़े ज्यादा
और कमर में दर्द बहुत ।
उसका बेटा माँ के पुष्ट स्तनों के ऊपर
रिस आये पसीने के स्वाद को
चखता होगा दूध पीने से पहले
दूध पीने का उसका अनुभव निश्चित इसी तरह का ।
    —सायरन के बजते ही
    चौंक कर उड़ जायेगी चिड़िया
    पर कहाँ जा सकेगी
    मेरी स्मृति के
    अनन्त पिंजड़े से
    नहीं अनन्त खुली दुनिया से
    उड़कर बाहर
    मेरे एक छोटे उदाहरण से ।
दूर दूर सुनाई देती है जिसकी आवाज
सुबह पाँच बजे बजने वाला पोंगा पहला
दिन थक थक करने लगता
समय हो जाता
और नहीं बजता किसी हड़ताल तालेबंदी के कारण
मालूम हो जाता सबको
पोंगे का न बजना सुबह पाँच बजे
उसी तरह जैसे पोंगे का बजना सुबह पाँच बजे ।
जहाँ तक सायरन की जाती आवाज
वहाँ तक
बिन बजने की फैल जाती निस्तब्ध खामोशी

लेकिन पोंगे की आवाज की सीमा के बाहर भी
फैल जाती खबर हड़ताल होने की
इक्के दुक्के हल्ले से
जिस तरह शहर जागता
तब पूरा शहर जागता
जैसे पाँच का पोंगा सुन
जागने वाली माँ
जाग जाती पाँच बजे बिना पोंगा सुने अपने ही आप
लेकिन काम करते हुए
दूसरे पोंगे पर ध्यान बराबर उसका होता ।
घंटे बीतने लगते
तब भी चिमनी ठंडी रहती
निकलता नहीं धुआँ
पश्चिम रहता बिलकुल साफ
वहाँ होता बस एक छोटा चमकदार तारा
पता नहीं कब निकला
क्यों दिखा
मतलब क्या
आकाश के अनन्त शाम के
फीके अँधेरे की तुलना में
एक बिन्दु इतना उजाला
या उजाले का केन्द्र बिंदु
चिमनी के धुएँ के कारण
पहले शायद भूला सा लुप्त
आकाश इतनी राख के अंदर
सुरक्षित छोटी चिनगारी ।
धीरे धीरे, अँधेरा होते ही
काली चिमनी
अँधेरे से मिलकर
एक ऐसी ऊँचाई लगती
जिसकी अंतरिक्ष की गहराई तल में

वही बिंदु तारा है ।
फिर एक एक कर चिमनी के अंदर आकर
भर जाते तारे अनगिन
छलकने छलकने को तारे होते तब
चिमनी के मुँह पर धीरे से
लग जाता आकर चंद्रमा का गोल ढक्कन
अब नहीं अंदेशा तारों के नीचे गिरने का—
आकाश में इस तरह चाँदनी फैली ।।
या चिमनी प्रकाशित तारों से
स्तम्भ उजाला दिखता दुनिया के कोने कोने से
कि अब तैयारी पूरी हुई
जब मिल चालू होगी
तो उद्‌घाटित होगी
समर्पित मजदूरों को
सजावट उसी की ।
जगा दूँ माँ को ।
माँ देखो ।।
खटिया में सिकुड़ी सोई
गहरी नींद में देख रही माँ
मैं देख रहा जो ।

    मिल के चालू होते ही
    गोल ढक्कन चंद्रमा का खुलकर
    आकाश में एक तरफ शरद पूर्णिमा जैसे
    निकलीं लहराती किरणें चिमनी से
    लहराता धुआँ चमकदार किरणों का
    आकाश में इकट्ठा होकर किरणों का बादल
    उजली धुंध, सन्नाटा उजाला आधी रात
    तालाब उजाला गहरे तक
    किनारे के उथले में चमकदार
    छोटी छोटी मछलियों की
    चमकदार छोटी छोटी हलचल ।

—इसी साँय साँय में
धोबिन अपने बेटे को सुना रही
बिलकुल यही कहानी
इतनी रात गये तक ।

—लगातार सायरन के बजने पर
ध्यान लगा होने से
सायरन के बजते ही
जी होता धक् से
फिर मिल के पास उसकी आवाज
इतनी जोर सुनाई देती
कि बंद होने के बाद
आसपास और ज्यादा हुए सन्नाटे का अनुभव होता—
—कव्वे के काँव काँव की तरफ
बेवजह ध्यान जाता
सुनाई देती सड़क पर गुजरती तब
साइकिल घंटी
भैंस चराने वाले राउत की बाँसुरी
लाउड स्पीकर से दूर गाना
या सन्नाटे में
मन के बहुत जरूरी ख्याल
बहुत से दबे मामले जिंदगी के
एक साथ अचानक याद आते हैं ।

—हिल रही है
तालाब के पानी की ओर झुकी टहनी
सायरन के बजने से
चौंक कर चिड़िया उड़ी होगी
उसी तरह छाती में धक् धक्
एक याद सायरन के जोरों की आवाज से
एक याद चिड़िया की उड़ी,
उड़ी जा रही जोरों से
जब तक बजता रहा होगा

डरी उड़ती रही होगी चिड़िया
सायरन के बंद होने के बाद भी शायद कुछ देर उड़ती रहे ।
	कब आयेगी वापस ?
	रुक जायेगी हिलते हिलते टहनी अब
	रुक जायेगा ज्यों
	हृदय धड़कने से
	बस चलता तो
	डरी काँपती टहनी भी उड़ जाती चिड़िया के साथ
	और कर जाती खाली एक जगह
	एक झुकी टहनी इतनी
	एक झुकी टहनी जैसी
	घनी झाड़ियों में ।
छूटकर रह गई टहनी जो
लगती मुझको
लौटने की आशा एक, टहनी जैसी हो
पानी की ओर झुकी ।
यदि लौटने में देर बहुत होती
तो इसी लौटने की और आशा से
निकल आते टहनी में
दो एक हरे पत्ते
और खिल जाता फूल बैंगनी
या छू लेती पानी को
पानी की ओर झुकी टहनी ।
	कब की आशा से इसीलिए
	एक झाड़ी में ही कितने पत्ते
	गुच्छे गुच्छे फूलों के
	और पास ही एक चट्टानी दरार से निकली हरी दूब
	शरारतन पत्थर के होठों में दबी
	जीवित मुस्कान की दरार से ।
—उधर सायरन के बजते ही
पार के ऊपर

आम के पेड़ों के नीचे बैठी
इंतजार करती मजदूर औरतों में भी हलचल
बँधी पोटली खुलने लगती
पानी डूबा भात बटकी के अंदर
मिर्च हरी गाँठ प्याज की पूरी
और नमक देहाती थोड़ा
इतना बस ।

    कुछ दिन पहले गौने में आई जो
    वही खड़ी हो गई बेसब्री से शरमायी
    बस उसके पास
    अथान आम का
    पास पड़े पत्थर के ऊपर
    डल्ला नमक उसने ही पीसा
    बहुत साँवली वह
    कि गोदना दिखता ठुड्ढी का
    जब देखो उसको बिलकुल पास ।
    कस कर बँधी चोटी में
    लाल हरे फुंदरों का गुच्छा
    ज्यादा चूड़ी
    पैरों में पैरी ।
    वह देख रही
    कि विशाल लोहे के गेट से
    आ रही मजदूरों की भीड़
    एक थकी हुई ताकत से भरा बाँध
    टूटने टूटने को हो उसके पहले
    गेट खोल दिया गया
    ऐसे ही खुले गेट से ।

इस सायरन के बजने से
बहुतों के मन में है भारी उथल पुथल
अब छँटनी और रोजी रोटी का
रोज रोज का डर

कैसी होगी खबर आज की
माल जमा है घाटे में मिल
बोनस या पगार बढ़ाने की
कह सकता है कैसे कोई
जब मिल बंद कर देने का इरादा मालिक का सबको मालूम है ।
तालाब की तरफ आते हुए मजदूरों का
सुनाई देता कोलाहल हल्ला
कुछ पास होते हैं तो
सुनाई देता बातों में
कुछ जुल्म, हड़ताल सरीखा ।
कपड़ों बालों में जमी रूई उनके
जब और पास वे होते
भौंहों पलकों में भी जमी हुई रूई दिखलायी देती,
पर अलग-अलग पहिचान लिये सब
एक साथ, बढ़ते आते हैं नजदीक ।
सब कुछ रहता चारों तरफ बिलकुल कल जैसा
कुछ नहीं फर्क होता
पर जिसकी छँटनी हो जाती कल
गैरहाजिर वही आज होता
नहीं होती उसकी घरवाली खाना लेकर ।
इस वक्त झोंपड़ी में होते
रोजी की तलाश से वापस निराश दोनों
लेटे होंगे जमीन पर पास पास
सहलाती होगी वह
घरवाले का माथा
निकाली होगी दुख भरे प्यार से
कल की रोजी की कानों में जमी रूई मिल की
पर कई दिनों की बेकारी के बाद तक
कपड़ा मिल के मजदूरों की नाभि में
चिपके रह जाते हैं, रेशे रूई के
और फेफड़ों में, खाँसते खाँसते मरते तक ।

—एकदम स्थिर है
पानी की ओर झुकी टहनी
मैं नहीं चाहता आकर बैठे चिड़िया
जबकि दूसरा सायरन बजने वाला ।
लौटने लगे मजदूर खा पीकर
अब तो पहुँचते होंगे मिल के मेन गेट तक
तालाब से जूठे बर्तनों को धो धा के
लौटने लगी औरतों की टोली
कि दूसरा लम्बा सायरन
बंद होने के बाद जिसके
सन्नाटा और कुछ ज्यादा देर
इस सन्नाटे में
सिसकी की एक आवाज
इस तरह सुनाई दी
कि दुनिया में
मर गई सारी आवाज
बस यही एक आवाज बची ।
तालाब के निर्जन कोने में
बर्तन माँजते माँजते
रोती जाती वह छोटी सी लड़की एक ।
बाप ने
उसकी पीठ पर मारे घूँसे
गालों में चाँटे
बाल पकड़कर खींचे कई बार
टोली की दूसरी औरतों ने रोका
नहीं तो सच में वह
लड़की को मार डालता
पर ऐसा क्यों जबकि वह
अपनी बेटी को बहुत प्यार करता ।
भात वही पकाती
माँ के मरने के बाद ।

पानी भी नहीं छलका कभी
सिर पर रखे लोटे से
पर आज, गिर पड़ी कहीं
गाँठ प्याज की पोटली से
क्या उसको इतनी मार पड़ गई इसीलिए ।
—मेरी स्मृति में अब तक वह गाँठ प्याज की
नहीं ! मेरे दिमाग में
उठते बार बार विचार
परतों परतों में गाँठ बनाते
दिमाग में ट्यूमर जैसा
कैसा जीवन अनुभव
मरणासन्न जीवन को
जीने का तकलीफ देह
पता नहीं कहाँ
वेल्लूर, वेलिंगटन
जा सकते कितने कौन वहाँ
डीप एक्सरे थेरेपी, कोबाल्ट, आपरेशन
मर जाना निश्चित ऐसी गाँठ
अरे ! इसका तो इलाज
खात्मा शोषण का
वहीं वहाँ जिससे पनपा ।
बहुत तकलीफ देह जिंदगी में
कुछ कम तकलीफ देह समय के जैसा
वह पेड़ आम का
शरारतन मैंने जिसको मुड़कर देखा
पा लूँगा उसको उसी जगह
वहीं पर
इस तरह बीता ।
भरी दुपहरी में वह पेड़ इंतजाम कोई
अब भी इंतजाम कोई उसी तरह का
शाखाएँ पत्तियाँ भी खूब

आती जाती हवा तरह तरह की
कभी शाखाएँ हिलतीं
कभी दो एक पत्ती
कभी यह भी नहीं
कभी कुछ भी नहीं ।

—भूल जाते हैं
जिन मकान गली कूचों को
भूल जाने से
गायब तो नहीं होते
होते हैं वहीं वहीं पे
जहाँ वे छूट गये होते
नहीं लौटता तो भी रहते स्थापित
अब नहीं लौट पाऊँगा इस कारण से
छूट जाने वाले किसी पेड़ की छाया में
खड़ा हो जाऊँगा कुछ थोड़ी देर
इस तरह, छूट जाने वाले पेड़ के साथ
मैं भी छूट जाऊँगा
कुछ और थोड़ी देर ।
किसी उभरी जड़ को तकिया बनाकर
लेट जाऊँगा, मूँद लूँगा आँखें ।
बहुत प्रेम जिनसे
रह लूँगा साथ उनके ।

छूट जाने वाले मैदान में
बैठ जाऊँगा एक पहाड़ की तरह
साथ छूट जाने को
हमेशा के लिए
कि अब हिल भी नहीं सकता
टस से मस नहीं होऊँगा
कहीं नहीं जा सकता
कहीं नहीं जा सकता
कहीं नहीं जाऊँगा

पैरों के नीचे की जमीन
ढलान होने तक।
आखिर लुढ़कने से अच्छा
चल पड़ूँगा स्वतः ही
वहीं, जहाँ से
फिर चढ़ाई शुरू होनी है
पैरों के नीचे की जमीन शिखर।

डूब रहा हूँ इस आकाश को देखकर

डूब रहा हूँ इस आकाश को देखकर ।
बचाओ ! कहकर मैंने हाथ ऊपर किया
हाथ अतल आकाश के नीचे ही रहा
मैं डूब गया
यह कैसी ऊँचाई है ।

एक बहुत गहराई
खाईमें
पंखपसारकर
उड़ेगाकोई,
कोईपक्षी
उड़ते उड़ते उतरकर
किसी पर्वत शिखर की तरफ से नीचे
यह कैसी ऊँचाई है ।
मैं गिर पडूँगा तल में
अतल में यह कैसा धरातल है ।
बैठे बैठे फिर खड़े होकर आकाश को देखना
उठकर, ऊपर किनारे आ जाना है ।

एक टीले पर चढ़कर

एक टीले पर चढ़कर
दु:ख से थोड़ा उबर गया
मेरे अलावा यह सुख
किसी को पता नहीं क्या ?
सब कुछ दु:ख में डूबा तब
यह टीला
निर्जन
टापू सा मुझे मिला
रात में चन्द्रमा कुछ बड़ा दिखा यहाँ से
तारे दिखे बहुत।

आकाश सभी के इकट्ठे सुख से,
जो किसी को कभी मिला नहीं किसी से
भारी होकर रोज
नीचे आता है क्या !
—हम लोगों के पास !!

पर सबके दु:ख से भारी होकर यह जमीन
और नीचे
ज्यादा गहरी
रोज रोज, हो जाती है क्या !

पर मेरे टीले पर चढ़ने का
जो सुख मुझे मिला
आकाश उसी से इतना हल्का हुआ
कि पृथ्वी से कुछ दूर

और ऊपर हुआ
चन्द्रमा कहीं दिखा नहीं
तारे दिखे बहुत कम
मैं फूट फूटकर रोते हुए
टीले से नीचे उतर गया।

आकाश से उड़ता हुआ

आकाश से उड़ता हुआ
एक छोटा सा हरा तोता
(गोया आकाश से
एक हरा अंकुर ही फूटा है ।)
एक पेड़ में जाकर बैठ गया ।
पेड़ भी खूब हरा भरा था ।
फिर तोता मुझे दिखाई नहीं दिया
वह हरा भरा पेड़ ही दिखता रहा ।

मेरी एक अठन्नी

मेरी एक अठन्नी
खो गई है।
मैं उसे ढूँढता हूँ
और मुझे मिल गया है
एक चाँदी का रुपया।
वह रुपया मेरा नहीं था
लेकिन उस रुपये में
मेरे कटे सिर का
निशान है।
(तो उस अठन्नी में
जरूर मेरा धड़ होगा)
औरइसलिए
पूरी मेहनत से
ढूँढ ही रहा हूँ
अपनी खोई हुई अठन्नी।
पर हाय ! मुझे क्या पता था
कि मेरा अधूरा व्यक्तित्व
एक निन्यानबे का फेर होगा।

मेरे पेट में मेरा दिमाग

मेरे पेट में मेरा दिमाग
मेरे पेट में
अकेला मैं गर्भस्थ ।
अपने पेट में
अपनी ही जूठन खाकर
बढ़ रहा हूँ
मैं
मैं ।
पेंसिल की नोक चबाकर
पेटभर सोचता हूँ ।
मेरे पेट में
मेरा दिमाग
बगीचे सा खिला हुआ है ।

बगीचे में केवल एक ही पेड़ बचा है

बगीचे में केवल एक ही पेड़ बचा है ।
या पेड़ में पूरा बगीचा पुता है ।
पेड़ जैसे सरकारी घो षणा है बगीचे के लिए ।
जबकि पेड़ पर चढ़ना मना है
सम्मान के लिए अपने पैरों पर चढ़कर
साढ़े पाँच फुट की ऊँचाई तक ।
मर गये! जिंदगी की इतनी ही ऊँचाई तक ।
सिर झुकाकर कुछ इंच और कम हो गये ।

अँधेरा नहीं बाहर, रात में

अँधेरा नहीं बाहर, रात में
पूर्णिमा के करीब करीब
घर के अंदर है ज्यादा
घर के कोनों में बहुत है ।

खुले मैदान में
घर की तरफ देखते
आधी रात को खूबसूरत दिन का दोपहर समझ
मेरी परछाईं छोटी हुई
खूब ! सूरज के उजाले के बदले
चंद्रमा के उजाले से बनी ।

घर के एकदम अंधेरे कोनों तक
चाँदनी लाऊँ कैसे
छत तोड़के ! दीवाल तोड़के !!

इस उजली रात को
चुपचाप दिन होना चाहिये ।
चुपचाप दिन है ।
मैं खुद मुखर नहीं हूँ
पर अपनी चीख रोक नहीं सकता ।

नदी इस किनारे केवल

नदी इस किनारे केवल
या केवल उस किनारे
या मँझधार ही पूरी वह
प्यार में नदी समझ में नहीं आती
नदी में भींगने से
लगताहै
बरसात में भींगा
बिना छाता लिए
जब कभी टहलने निकला
बाढ़ में डूबी उल्टी नाव की
छत के नीचे
हमारा घर बसा है ।

मजदूरो उस तरफ चलो

मजदूरो उस तरफ चलो
चलते रहो निहत्थे
रोक देने के लिए जिस तरफ
हथियारबंद पुलिस खड़ी है रस्ते पर
बढ़ो बढ़ते रहो उसी तरफ निहत्थे ऐसे
कि हाथ में वह फूल की टहनी भी न हो
जिसमें खिला फूल एक
दो अधखिली कली हो ।

निहत्थे बढ़ो ऐसे
कि जेब में वह चिट्ठी भी न हो घर की
जिसमें माँगा कुछ नहीं गया तुमसे
और पूछा नहीं गया सोच समझकर
कि पगार मिला या नहीं अभी तलक
और इतने सारे दु:ख तकलीफों की
एक भी बात नहीं लिखी ।

बढ़ो खाली हाथ निहत्थे एकदम
कि एक खाली झोला भी न हो तुम्हारे हाथों में
उलट दो बाहर खाली जेबें
बीड़ी माचिस से भी कर दो खाली
यदि जेब में हों पचास पचहत्तर पैसे
तो उस दुकानदार को दे डालो
जिसकी उधारी कबसे तुमपर
जाने कितने रुपयों की

बल्कि उतारकर फेंक दो अपनी कमीज
उसके गल्ले पर
यदि कमीज कुछ ठीकठाक हो
या फटी हुई तब भी
और बढ़ो उघारी छाती लेकर एक साथ सब
ऐसे ही निहत्थे खाली पेट उसी तरफ
जिस तरफ हथियारबंद पुलिस खड़ी है रस्ते पर
तुमपर तब भी गोली चलेगी ।

दुनिया इतनी अँधेरी

दुनिया इतनी अँधेरी
कि एकदम अँधेरा
मरने की नींद सोने लायक
पर रात को बत्ती बुझाकर
सोने की आदत का मैं क्या करूँ ?
घर की खिड़की के पल्लों को बंद कर सकूँगा
बाहर पूर्णिमा के चाँद पर बादल डालने की चिंता ।

बत्ती बुझाकर सोने की, बिगाड़ ली ऐसी आदत
न सोने की
कि कृ ष्ण पक्ष भी सो नहीं सकूँगा
जबकि जानता हूँ एक तारा भी
चमक रहा होगा बाहर ।
बरसाती काली रात के घुप्प अँधेरे में
यदि तेज हवा के कारण
नहीं जलेगी कोई ढिबरी
तो एवज में
अचानक जोर की बिजली चमकती ।
सोचता हूँ यह दुनिया कुछ कम अँधेरी होती—
कमरे की बत्ती की आदत पड़ जाने के लिए
मैं सो जाता भूल से बत्ती जलती रहती
पर बिगड़ी कुछ ऐसी आदत
कि मौत भी नहीं आयेगी शायद ।—
रात दिन जागकर मेरी जिंदगी दुगनी ।

खुश होना मैं तो भूल गया

खुश होना मैं तो भूल गया ।
हाथ हिलाकर देखा
क्या खुशी खुशी यह हुआ ?
कंधे उचकाये
घूम घूमकर देखा !!
घर के अंदर जब सभी लोग थे
हँसने लगा अचानक
फिर भी बात बनी नहीं ।
नहीं किसी से कोई झगड़ा
फिर भी याद नहीं।
खुश होना सचमुच भूला ।
बहुत कोशिश की याद करूँ
तो ऊपर से
छोटे छोटे दुःख के
छोटे छोटे ब्योरे तक
याद आ गये ।
आखिर मुट्ठी बाँध के देखा
क्या यह खुशी खुशी हुआ ।
घूँसा तानकर
बहुत गुस्सा हुआ ।

जब मैं भीम बैठका देखने गया

जब मैं भीम बैठका देखने गया
तब हम लोग साथ थे ।
हमारे सामने एक लाश थी
एक खुली गाड़ी में ।
हम लोग उससे आगे नहीं जा पा रहे थे ।
जब मैं उससे आगे निकल गया
तब हम सब आगे निकल गये ।
जब मैं भीम बैठका पहुँचा
हम सब भीम बैठका पहुँच गये ।

चट्टानों में आदिमानव के फुरसत का था समय
हिरण जैसा, घोड़े बंदरों, सामूहिक नृत्य जैसा समय ।
ऊपर एक चट्टान की खोह से कबूतरों का झुंड
फड़फड़ाकरनिकला
यह हमारा समय था पत्थरों के घोंसलों में—
उनकेसाथ
जब मैं लौटा
तब हम लोग साथ थे ।
लौटते हुए मैंने कबूतरों को
चट्टानों के घोंसलों में लौटते देखा ।

गोली की आवाज सुनकर

गोली की आवाज सुनकर
पेड़ की सारी चिड़ियाँ उड़ गईं
पर मरने वाला एक आदमी है
चिड़ियाँ बेकार डरीं ।

इतने अनिश्चय की स्थिति में
कि कब कौन आदमी अचानक मारा जायेगा
लोगों के लिए
जीवन भरपूर और निश्चित हो गया है—

जैसे स्कूल के समय
स्कूल जाने वाले बच्चे अधिक दिखते हैं
बस में पूरे परिवार के साथ सफर अब भी होता है
भीड़ और धक्कामुक्की उतनी ही है
गरमी अधिक पड़ने से
अब अधिक लोग रात में घर के बाहर सोते हैं ।
देर रात को दोस्तों के घर से लौटने वाले लोग
कहीं ज्यादा हैं
और बहुत याराना हैं ।

ऐसे में यह सब कि कौन मारा जायेगा
मौत के लिए लापरवाही हो
पर जीवन की सबसे अधिक परवाह ऐसी ही हो
शायद पंजाब में इस साल भी फसल अच्छी हो ।

लगभग जयहिन्द

रौबदार आदमी ने दो सोने के दाँतों की जँभाई ली।
मुझे भी जँभाई आने लगी।
एक आलीशान आश्चर्य की चर्चा हुई।
उसमें भी विस्थापित टिपरिया होटल में
मेरा छोटा भाई तश्तरी प्याले धो रहा था।
मैंने उसे दो लात लगाईं और ठीक बायें मुड़कर
ब्राह्मण पारा की एक गंभीर मोटी दीवाल से
सट कर चलता गया—
रिश्तेदार मुझे दबा कर चलाता था।
खड़े खड़े मैं घसीटा गया।
थक कर नीचे बैठते ही
दीवाल और ऊँची हो जाती थी।
छलाँग लगाने की मेहनत की तरह।
फिर जीवित दिखने के लिए
इधर उधर हिलते हुए
थोड़ी बहुत कोशिश
छलाँग लगाने की
जिसमें खास खास लोगों के लिए
दीवाल के बीच चार कीलों से ठुँका
अपना ही इकतीस साल पुराना
कपड़े पहिने हुए
मात्र छलाँग लगाता हुआ एक फोटो ही।
फोटो में बाँयें हाथ से
कमीज की जेब दबाये हुए !

जेब में अठन्नी थी
या फोटो में बचत की
आठ आने की स्थिरता !
और सामने चहल पहल करती आबादी
आठ बजे रात को चली गई
मैं वहीं रहा वाला मज़ाक करता हुआ
हँसोड़ दोस्त, ब्राह्मण पारा की
गंभीर मोटी दीवाल से
पलस्तर उखाड़ता, भागता हुआ
चौखड़िया पारा जायेगा या मसान गंज ।
पलस्तर के उखड़ने से
मुझे गुदगुदी होती थी ।
ईंटें उखाड़ेगा तो हँस दूँगा
जैसे हँसना एक गोरिल्ला उदासी होकर
एक जबर्दस्त तोड़फोड़ की कार्रवाई की तरह ठहाका मारना
जिसमें ब्राह्मण पारा की गंभीर मोटी दीवाल की जगह
समतल मैदान वाला खेलकूद वाला मज़ाक करता हुआ
हँसोड़ दोस्त--
चर्चा ने मुझे इस तरह उखाड़ा
कि मेरी पूरी बाँह की कमीज़ उस दीवाल पर फैली थी
कमीज़ की दोनों कलाई पर कीलें ठुकी थीं
आराम करने के पहले
जिस कील में मैं कपड़े टाँगता था ।
वह भविष्य नहीं था ।
निश्चय ही हमारा भविष्य नमस्कार हो गया ।
जाते वक्त जयहिन्द था
लगभग जयहिन्द
सरासर जयहिन्द
एक राजनैतिक नमस्कार भाई साहब !
खुदा हाफिज सैयद गुफरान अहमद !!
हरबार धक्कामुक्की में अदब के साथ मुस्कुरा कर

पट्टे वाली चड्डी पहने हुए मैं अलग हुआ ।
कन्धे पर तौलिया हो गई ।
जँभाई हो गई ।
सुबह सुबह नहाना हो गया
साबुन की एक बट्टी हो गई ।
बायें नहानी घर हो गया
दाहिने पेशाबघर होगा ।
चड्डी में पत्नी की फटी पुरानी साड़ी की
मजबूत किनारे के नाड़े में गठान लगाता हुआ
परिवार हो गया ।
या एक लम्बी कीमत दिमाग में नाड़े की तरह पड़ी हुई
जिसकी गठान खोलने या तोड़ने की कोशिश में
मेरी हरचाल कानून के गिरफ्त में थी,
सोचते ही विचार कमीज और पतलून पहिन कर खड़ा हो गया
हाय ! मैं चड्डी पहिन कर अलग हुआ ?
क्या ! सौम्य भुखमरी थी
कि खानसामा अच्छा खाना बनाता था ।
मैं नागरिक हो गया ।
या अनिमंत्रित रह गया ।
दिमाग के पिछवाड़े की दीवाल फाँद कर
कचहरी के पिछवाड़े के घूरे में उतर कर
जिंदगी दफ्तरी उपस्थिति हो गई ।
हाय ! हाय ! आँखों को बाँधी गई पट्टियों की
बनी हुई पट्टे वाली चड्डी में
कचहरी का न्यायाधीश नाड़े डालता हुआ बैठा था ।
और ऊपर की खिड़की से चमकीला बिल्ला लगाये
अर्दली मुझको घूरता था,
क्या मैं दुमंजिले से नंगा दिखता था !!
अर्दली ने मुझको कचहरी के घूरे से
पुराने कार्बन कागज, शासन सेवार्थ लिफाफे
पुरानी सरकारी टिकटें ढूँढते देख लिया था ।

इसी कार्बन कागज से
मेरे छोटे भाई की शक्ल
मुझसे मिलती जुलती थी ।
कार्बन कागज से रौबदार आदमी का लड़का
हुबहू रौबदार आदमी हो गया ।
लेकिन मैं अपने बाप की तरह नहीं था
मैं अपने दोस्त की तरह नहीं था ।
मैं अपने दुश्मन की तरह नहीं था ।
मैं संविधान भूल गया था ।
न्यायाधीश की नाक बहुत लम्बी थी ।
मेरी नाक बेढंगी थी,
क्या शक्ल थी,
खाना खाने के बाद पान के ठेले वाली दृष्टि ।
या भूख लगने के बाद जँभाई वाली दृष्टि ।
मेहनत हुई तो आँखों की जगह खुराफाती दृष्टि
नुकीली तेज़
अपने को ही आँखों की जगह चुभ रही थी ।
दौड़ धूप हुई तो ब्राह्मण पारा से भागता भागता
हँसोड़ दोस्त ईदगाह-माटा तक चला गया ।
मैं नौकरी की तरह सड़क में बायें चलते हुए
नौकरी की तरह बायें चलता रहा ।
नौकरी की तरह पाँच घंटे सो लिए ।
नौकरी की तरह चार अखबार पढ़ लिए ।
राम टाकीज या सोचकर कृष्णा टाकीज हो लिए ।
फुरसत के समय सड़क के बीच आकर
टेनिस के खेल के मैदान से दो मील दूर
आने जाने वाली मोटर गाड़ियों
और भीड़ से होने वाली दुर्घटनाओं से
बचने का अभ्यास करता हुआ पाया गया ।
न टाँग टूटी, न हाथ टूटा, न विश्वविद्यालय, न कृष्णा टाकीज
न डाक बँगला, न दिल्ली, न बनिया पारा ।

सही सलामत होता हुआ, इतना ठहरा हुआ भागा
कि एक पूरी की पूरी
चहल पहल आबादी
मेरे पैरों से विस्थापित हो गई ।
मैं पिछड़ गया ।
या एक तीन मंजिला मकान ही
मेरे पैरों से चल रहा होगा ।
बोझ लादने में बेईमानी की हद है
जबकि तीन मंजिला मकान के
केवल दो कमरों में रहता था
जिसका एक पूरा का पूरा कमरा पाखाना था—
जब भी लौटता था
मेरा हँसोड़ दोस्त मेरे पेट की खराबी का
मजाक उड़ाता था ।
या शक्ल पर जरूरत से ज्यादा कटे हुए बाल का ।
सोनारपारा से आते आते रौबदार आदमी के बाप के बाल
चाँदी की तरह सफेद थे ।
चाँदी और सोने की दुकान में
शायद बाल कटवाने घुसा होगा ।
मेरा बाप खिज़ाब लगा कर
मुझे सब्जी बाज़ार में ढूँढता रहा
लेकिन उसे मेरा छोटा भाई मिल गया,
ईंटे पर बैठकर नउव्वे से सिर घुटाता होगा ।

□ □ □